KB040007

# 마르크스주의 100단어

**Les 100 Mots du Marxisme**

by Gérard Duménil, Michael Löwy, Emmanuel Renault

© 2010 PUF/Humensis All rights reserved.

No part of this book may be used or reproduced in any manner

whatever without written permission, except in the case of brief quotations

embodied in critical articles or reviews.

Korean Translation Copyright © 2018 by Secondthesis.

This translation published by agreement with HUMENSIS through BC Agency, Seoul.

# 마르크스주의 100단어

**지은이** 미카엘 뢰비, 에마뉘엘 르노, 제라르 뒤메닐
**옮긴이** 배세진

1판 1쇄 발행 2018년 10월 30일

**펴낸곳** 두번째테제
**펴낸이** 장원
**등록** 2017년 3월 2일 제2017-000034호
**주소** (13290) 경기도 성남시 수정구 수정북로 92, 태평동락커뮤니티 1005호
**전화** 070-7671-7392
**팩스** 0303-3441-7392
**전자우편** secondthesis@gmail.com
**페이스북** facebook.com/thesis2
**블로그** secondthesis.blog.me

**ISBN** 979-11-960960-5-2  03300

이 도서의 국립중앙도서관 출판예정도서목록(CIP)은
서지정보유통지원시스템 홈페이지(http://seoji.nl.go.kr)와
국가자료공동목록시스템(http://www.nl.go.kr/kolisnet)에서
이용하실 수 있습니다.(CIP제어번호: CIP2018033046)

책값은 뒤표지에 있습니다. 잘못된 책은 바꾸어 드립니다.

# 마르크스주의 100단어

미카엘 뢰비,
에마뉘엘 르노, 제라르 뒤메닐 지음
배세진 옮김

늘

비록 카를 마르크스(1818~1883)가 생전에 마르크스주의
라는 용어를 거부하기는 했지만, 그럼에도 마르크스주의
는 무엇보다도 마르크스의 사상, 비할 바 없이 놀라운 풍
부함을 지니고 있으면서 끊임없이 변화하는, 그럼에도
여전히 미완성의 상태로 남겨진 마르크스 자신의 사상이
다.[1] 또한 마르크스주의가 마르크스에게 빚지고 있는 바
는 이 마르크스주의가 《독일 이데올로기》(1845~1846),
《공산주의자 선언》(1848)과 같은 유명한 저작들을 마르
크스와 함께 썼고 마르크스가 죽은 후 《자본》 2권과 3권
을 편집했던 프리드리히 엥겔스(1820~1895)에게 빚지고
있는 바와 전혀 분리할 수 없다. 마르크스와 엥겔스 이
두 사람의 죽음 이후, 이들의 사상은 이들의 유산을 원용
하는 정치 사상가들과 여러 정치 조류들에 의해 매우 다
양한 방향으로 발전되어 왔다. 바로 이 [정치적·사상적] 발
전들이 우리가 오늘날 '마르크스주의'라고 부르는 것이
다. 하지만 이러한 명명 자체에 대해서 종종 논쟁이 전개

---

1   이러한 마르크스의 사상에 대한 입문으로는 G. Duménil, M. Löwy, E.
Renault, *Lire Marx*, Paris, PUF, 2009를 참조하길 바란다.

되곤 한다. 과연 이러저러한 분석 혹은 입장을 마르크스주의적인 것으로 간주하는 것이 정당한가? 이러저러한 인물들이 스스로를 마르크스주의자라고 주장하는 것이 정당한가? 그러나 우리가 '누가 마르크스주의자'이고 누가 마르크스주의자가 아닌지를 결정할 수는 없다! 우리가 이 책에서 목표하는 바는 마르크스주의적 용어를 규정codifier하는 것, 그리고 이 마르크스주의적 용어에 관한 '정치적'으로 올바른 혹은 '과학적'으로 정확한 판본을 제시하는 것이 전혀 아니다. 오히려 우리가 목표로 하는 바는 마르크스주의의 가장 중요한 개념들 중 몇 가지 개념들에 대한 소개와 입문을 제안하는 것이다. [2]

그러므로 여기에서 우리가 다루고 있는 것이 단수의 '마르크스주의'라기보다는 복수의 '마르크스주의들'(게오르그 루카치에서 안토니오 그람시까지, 앙리 르페브르에서 테오도어 아도르노까지, 발터 벤야민에서 에르네스토 체 게바

_____

[2] 모든 선택이 그러하듯, 우리의 선택에도 역시 일정한 주관성과 자의성이 포함되어 있다. 그러므로 마르크스주의에 관한 백과사전 성격의 책들을 독해해서 우리의 선택을 보완하고 심화시켜야 한다. 특히 G. Labica & G. Bensussan(책임 지도), *Dictionnaire critique du marxisme*, Paris, PUF, 1985, 또한 W. Haug(책임 지도), *Historissch-Kritisches Wörterbuch des Marxismus* de Hamburg, Berlin, Argument Verlag, 1994를 참조하라. 이 저서에 등장하는 경제학 용어들의 경우, 해석을 할 때 일반적으로 여전히 최종적 합의에 도달하지 못한 마르크스의 광대한 경제학 작업들 전체에 기초하고 있다. '전형' 문제, '이윤율 저하 경향' 혹은 '재생산 표식' 등등과 같은 주제들이 그러하다. 이에 대해 '하나의 유일한' 참조점을 제시하는 것은 쉽지 않은 일이다. 이에 대한 가장 적절한 해결책은 "뉴 팔그레이브 경제학 사전"(*New Palgrave Dictionary of Economics*, Macmillan, 2006)과 같은 백과사전 성격의 경제학 사전을 참조하는 것이다. 이 경제학 사전은 웹상에서 이용 가능하다.

라까지 등등)이라고 정확히 표현하도록 하자. [정치적·사상적] 원천의 다양성은 무엇보다도 노동자 운동과 반자본주의 투쟁의 역사 자체가 지닌 다양성으로 인한 것이다. 마르크스 자신이 (1864년 창립된) 제1인터내셔널의 지도자들 중 한 명이었으며, 이미 그의 저작은 (특히 엥겔스의 주도로 1889년에 창립된) 제2인터내셔널의 핵심적인 준거점이었다. 1917년 러시아 볼셰비키 혁명의 승리는 마르크스주의에 새로운 시대를 열어젖혔다. 노동자 운동은 각 구성원들이 모두 마르크스를 표방했음에도 불구하고 다시 한번 분열되었다. 이러한 분열로 인해 '마르크스-레닌주의'라고 불리게 되는, 복수의 독트린들의 결합체가 탄생하게 되었다. 하지만 이러한 '마르크스-레닌주의'가 지녔던 마르크스주의적인 힘은 곧이어 결국 스탈린의 손에 쥐어진 억압 도구로 변질되고 말았다. 우리가 이를 원하든 원하지 않든, 그리고 그 역사적 의미가 무엇이었든, 이 마르크스주의 또한 위에서 언급했던 여러 마르크스주의 가운데 하나이다. 하지만 이와 평행하게, 이 '마르크스-레닌주의'에 대한 반대자들의 비판, 특히 트로츠키라는 인물을 중심으로 한 비판이 전개되기도 했다. 1949년 중국에서 혁명이 성공했으며, 이후 '중소 분쟁'이 마르크스주의에 새로운 길을 열어젖히면서 마르크스주의에 대한 새로운 해석들을 탄생시켰다.

　그래서 1976년 마오쩌둥이 죽은 이후 중국 사회를 대상으로 한 개혁들과, 그 뒤를 이어 현재 중국이 취하고 있는 모호한 방향성이 등장하게 되었다. 그 사이, 쿠바 혁명과 아프리카에서의 다양한 사회주의적 경험들, 그리고 제3세계 운동이 마르크스주의의 정초자들인 마르크스와 엥겔스의 유럽중심주의를 깨뜨리고 마르크스주의의 심원한 쇄신을 촉발했다.

마르크스주의의 다양성은 또한 마르크스주의가 사회 이론으로서 지니는 다양한 면모들로 인한 것이기도 하다. 철학자들, 정치학자들, 사회학자들, 역사학자들, 경제학자들 등등은 이 사회 이론으로서의 마르크스주의로부터 그들 연구의 자양분을 얻기 위한 모든 재료들을 발견한다. 다양한 영역에서 마르크스주의적 영감을 표현하고 있는 지식인들에게, 마르크스주의라는 이름으로 확립되었던 체제들이 제도화시켰던 지식인과 마르크스주의 사이의 관계는 복종, 의심, 거부라는 선택지 사이에 놓여 있던 지식인들에게 항상 다루기 쉽지 않은 문제였다(하지만 이 어려움이 지식인과 마르크스주의 사이의 관계가 앞으로 나아가는 것을 가로막지는 않았다는 점 또한 지적하자). 이 소책자에 등장하는 항목들 대부분은 이 개념들이 마르크스주의에 관한 논쟁에서 어떻게 활용되었는지를 보여줌으로써 우리가 성찰하고자 하는 개념들이 지니는 정치적, 경제적 그리고 철학적 쟁점들을 해명하고자 한다. 하지만 마르크스와 엥겔스의 몇몇 저술들이 지니는 기술적 technique 성격을 고려하여, 어떠한 항목이 하나의 분과학문적 접근만을 특권화할 수도 있다. 직접적으로 철학적인 개념들의 경우 에마뉘엘 르노가, 직접적으로 경제학적인 개념들의 경우 제라르 뒤메닐이, 직접적으로 정치학적인 개념들의 경우 미카엘 뢰비가 작성했다.

마르크스주의들의 유산과 현대 마르크스주의의 다양한 형태들이 (그 인물, 잡지, 저서, 회합, 세미나, 그리고 각 국민국가 내의 다양한 학파들과 국제적 토론과 함께) 이 저서의 중심에 자리 잡고 있다. 다양한 정도로 그리고 다양한 형태로, 이 유산은 자본주의적 질서에 대한 근본적이고 급진적인 거부를 위한 대부분의 운동[정치]과 사상에 영감을 불어넣고 있다. '크세주'Que sais-je? 총서의 한 권인 이 소책자의 출판이 2007년부터 자본주의가 진입하기 시작한 새로운 위기라는 맥락[3]에서 출현한 마르크스의 사유에 대한 관심의 부활과 동시에 진행된 만큼, 이 소책자가 독자들로 하여금 마르크스주의 전통의 위대한 저작들과 마르크스주의의 현재 위치에 다가가도록 자극할 수 있기를 희망한다.

---

3　즉 2007년부터 2009년까지 진행되었던 미국발 서브프라임 금융 위기를 말한다. 이 책은 2007~2009년 금융 위기가 완전히 끝나지 않은 2009년 10월에 출간되었다. - 옮긴이

# 일러두기

1. 이 책은 프랑스대학출판(presses universitaires de france, PUF)에서 출간하는 끄세주 문고 시리즈 중 2009년 출간된 *Les 100 Mots du Marxisme*를 완역한 것이다.

2. 단어 오른쪽에 놓인 * 표시는 이 용어가 그 자체로 하나의 항목임을 나타낸다. * 표시는 그 자체로 하나의 항목인 단어 바로 뒤에 놓인다.

3. 원주와 옮긴이주 모두 각주로 처리했으며, 옮긴이주의 경우 옮긴이 표시를 해두었다. 원서의 이탤릭체는 볼드체로 바꾸어 표시했다. 도서 제목에는 겹화살괄호(《 》)를, 이외 매체에는 홑화살괄호(〈 〉)를 사용했다.

4. 외국 지명, 인명, 도서명은 국립국어원의 외래어 표기법과 용례를 따랐다. 다만 국내에서 이미 굳어진 인명과 지명의 경우 통용되는 표기로 옮겼다. 의미 전달을 위해 필요한 경우 원어나 한자를 병기했다.

# 차례

# 가공자본
## CAPITAL FICTIF

마르크스에게 자본은 운동 중인 가치이며, 여기에서 말하는 자본의 운동이란 자신의 가치 증식을 위해 한 형태에서 다른 형태로 이동하는 것을 가리킨다.(→ **'자본' 항목을 보라**) 마르크스는 자본과 유사하면서도 이러한 정의에 부합하지 않는 모든 것을 '가공자본'이라고 부른다. 그러므로 마르크스에게 모든 대부자본(→ **'이자' 항목을 보라**)은 가공자본에 속하는 것으로 볼 수 있다.[1]

'가공성'(fictivité, 의제성)에는 두 가지 주요 층위가 존재한다. 우선 자신의 재정 적자를 메우기 위한 목적으로 국가가 발행하는 모든 증권은 가공자본이다. 국가는 (산업 기업을 국유화하는 경우를 제외한다면) 채권emprunt[즉 공채 혹은 국채]을 통해 조성한 기금을 기업의 자본주의적 활동[즉 생산]에 투자하지 않는다. 이 돈은 [공적 영역 내에서] 임금*, 설비 구입,

---

1 그러나 마르크스는 대부와 채권을 구분하고 이 채권을 가공자본으로 간주하므로, 조금 더 정확히 표현하면 "모든 대부자본은 일종의 '가공성'을 지니고 있다." 정도로 의역할 수 있다. - 옮긴이

건축, 인프라를 위해 쓰이긴 하지만 자본의 순환에 진입해 운동하지는 않는다. 국가는 이 대출금의 대부자에게 이자를 지급하는데, 이 지불된 이자의 원천은 국가가 거둬들인 세금의 일부분(혹은 새로운 채권[공채 혹은 국채]의 일부분)이다. 마르크스는 회사채 혹은 기업이 발행하는 주식을 동일하게 '가공자본'으로 분류한다. 비록 이 회사채 혹은 주식이 형성하는 기금이 그 용어의 완전한 의미에서 자본으로 투자되기는 하지만 말이다. 마르크스는 자본이 한편으로는 자본의 순환 내의 자본, 다른 한편으로는 이 자본에 대한 채권créances 으로 [이분법적으로] 양분되지는 않는다는 점을 강조한다. 마르크스의 이러한 관념은 증권(특히 주식과 같은)이 주식시장 같은 여러 종류의 시장에서 자신의 고유한 생명을 부여받는다는 사실로 인해 더욱 강화된다. [다시 말해, 자본과 이 자본에 대한 채권은 이분법적으로 분리할 수 없을만큼 밀접한 관계를 맺고 있다.] 이 여러 종류의 시장에서 채권은 계산, 미래에 얻을 수익에 대한 기대, 투기적 운동의 주체들 등등을 반영하는 가격에 따라 협상 가능한 것이 된다.

이 가공자본은 금융 위기의 상황에서, 특히 이 가공자본의 보유자들이 공포에 질린 상태에서 동시에 자신들의 화폐를 회수하기를 원할 때(하지만 금융 위기 시에 이러한 회수는 사실상 불가능해진다), 우리가 쉽게 상상할 수 있는 그러한 역할[즉 위기를 가속화하는 역할]을 수행한다.

# 가치의 생산가격으로의 전형

TRANSFORMATION DES VALEURS EN PRIX DE PRODUCTION

서로 다른 부문들에 투입된 자본들 사이의 경쟁*에 관한 이론은 마르크스로 하여금 《자본》 1권의 교환 법칙—이 교환 법칙에 따르면 상품*의 가격은 자신의 가치에 비례하는 가격을 중력의 중심[축]으로 삼아 움직이는graviter 경향을 지닌다—을 자본주의적 상품 교환 법칙—이 자본주의적 상품 교환 법칙에 따르면 가격은 **생산가격**, 다시 말해 각 부문 내에 존재하는 기업들 전체 중 평균 기업에 모든 부문 전체에 동일한 이윤*율을 가져다주는 가격을 중력의 중심[축]으로 삼아 움직이는 경향을 지닌다—으로 대체하도록 이끈다.

자본주의적 상품이 자신의 가치에 비례하여 교환되지 않는다는 사실은 《자본》 출간 이후 마르크스주의 경제학자들에게 일종의 충격으로 다가왔다. 가치에 비례하는 가격에 대한 마르크스주의 경제학자들의 이러한 '집착'은 마르크스가 《자본》 1권에서 상품이 그 가치에 비례하여 교환된다는 점을 전제하고 잉여가치*론을 제시했다는 점으로부터 유래한다. 《자본》 1권에서 마르크스는 자본가들이 교환 법칙을 위반하지 않는다는 점을 지적하면서 이러한 가정을 강조한다(잉여가치는 하나의 상품, 즉 자신의 가치에 따라 구매된 상품으로서의 노동력이 가치를 생산한다는 사실로부터 유래한다).

그래서 마르크스는 《자본》 3권에서 생산가격이 가치의 형태\*라는 점과, 경쟁에 의해 균등화된 이윤이 잉여가치의 형태로 존재한다는 점을 보여주기 위해 매우 애를 쓴다. 마르크스가 머릿속에 지니고 있는 이미지는 (우리가 카드 게임에서 카드를 모두 취합한 뒤 다양한 게임 참가자들, 즉 여기에서는 부문들 사이에 서로 다른 양의 카드를 재분배한다는 의미에서) 새로운 가격이 가치를 창조하는 노동시간들을 [각 부문에] '재분배'한다는 점이다. [이 카드 게임 비유에 대해서는 바로 아래 단락을 통해 더욱 쉽게 이해할 수 있다.] 여기에서 마르크스는 가치로부터 생산가격을 '연역'하는 하나의 형태를 생각하고 있는 것이며, 그는 이를 바로 '전형'이라고 부른다. 이러한 연역은 논리적 파생물이다. 마르크스는 가치로부터 연역되지 않는 생산가격은 '개념 없는 표상'représentation sans concept에 불과할 것이라고 쓴다.

하지만 또한 마르크스는 생산가격을 (생산가격을 다양한 상품들의 가치로부터 **계산**한다는 점에서) 양적 파생물의 형태로도 도입한다. (동일한 화폐 단위로) 각각 100과 200이 투자된 두 가지 부문이 존재하는 하나의 경제를 가정해보자. 첫 번째 부문에서 자본 100은 80의 불변자본과 20의 가변자본으로 이루어져 있고 잉여가치율이 100퍼센트이면 20의 잉여가치를 생산한다. 두 번째 부문에서 자본 200은 130의 불변자본과 70의 가변자본으로 구성되며, 100퍼센트의 동일한 잉여가치율(이는 '동일 노동, 동일 임금'[동일한 착취율]을 의미한다)은 70의 잉여가치를 생산한다. 가치에 비례하는 가격에 따라, 이윤율은 각각 20퍼센트와 35퍼센트이다. 마르크스는 잉여가치라는 카드, 즉 총 90의 잉여가치를 모두 취합하고 투입된 자본에 비례해, 다시 말해 30과 60으로 이를 재분배함으로써 생산가격을 결정한다. 균등화된 이윤율은 30퍼센트이며 각 부문 내의 전체 상품들의 생산가격은 130과 260이다.

이러한 계산에 기초하여, 전체 잉여가치는 이러한 논증의 구성에 따라 전체 이윤과 동일한 것이 된다. 마르크스는 가치의 총액이 생산가격의 총액과 동일하다고, 즉 위의 예에서는 이 총액이 390이라고 주장한다. 문제는 이러한 계산이 생산가격에 비례하는 가격에 따라 구매되어야만 하는 자본 요소들의 가격을 보정을 통해 제대로 측정하지 않는다는 점이다. 이러한 보정이 행해질 경우 가치의 총액과 생산가격의 총액 사이의 등가성을 (별반 의미 없는 우연의 일치의 경우를 제외한다면) 확인할 수 없다는 사실에 대해 엄청난 양의 논의[즉 주류경제학과 비주류경제학 사이, 그리고 비주류경제학들 사이의 '전형 논쟁']가 이루어졌다.

이 문제에 대한 해결은 형식주의의 특수한 속성 내에서 발견될 수 없다. 왜냐하면 생산가격뿐만이 아니라, 특히 지대*의 존재를 포함하는 가격과 같은 모든 가격 체계는 가격을 가치의 형태로, 그리고 이윤(그리고 지대)을 잉여가치의 형태로 해석할 수 있도록 만들어야 하기 때문이다. 근본적인 이론적 원리에 대한 재정의가 여기에서 쟁점이 되며, 그에 대한 해석은 여전히 논쟁적인 것으로 남아 있다.

# 개인

INDIVIDU

마르크스에게서 개인 개념은 인간학, 사회 이론 그리고 공산주의의 규정이라는 차원에서 등장한다. 마르크스의 개인 개념이 지닌 인간학적 기능은 이중적이다. 한편으로, 마르크스는 헤겔과 포이어바흐, 그리고 청년헤겔파의 구성원 대부분에 반대하여, '인간'이 개인들의 집합에 불과하다는 점을 주장함으로써 인류에 대한 모든 본질적 형태forme d'hypostase를 비판한다. 다른 한편으로, 마르크스는 막스 슈티르너Max Stirner의 것을 포함한 여러 형태의 개인주의에 반대하여 '개인이 사회적 존재'라는 점을 주장함으로써 개인을 원자와 비교할 수 있다는 개인주의적 주장을 비판한다.

우리는 마르크스의 이러한 이중의 운동을 그의 사회 이론에서 발견한다. "사회적 생산을 수행하는 개인들―(…) 당연히 이 지점이 바로 우리의 출발점이다."(1857~1858년《정치경제학 비판 요강》서문) 사회를 독립적인 개인적 행동들의 모음으로 환원하는 로빈슨 크루소 신화\*에 반대하여, 마르크스는 개개인이 규정된 사회적 관계 내로 항상 '포섭'subsumés된다는 사실을 강조한다. 하지만 동일하게 마르크스는 사회적 관계가 (이 사회적 관계의 담지자인) 개인과는 독립적으로 존재할 수 있다는 주장 또한 비판한다.

개인 개념은 자본주의에서 공산주의*로의 이행이라는 쟁점을 기술할 수 있게 해주기도 한다. 1846년에 작성한 《독일 이데올로기》에서 마르크스는 역사적으로 존재했던 여러 개인성들을 불완전한 혹은 우연적인 개인성으로 제시하고, 공산주의를 "개인으로서의" 개인 혹은 "인격적 개인"individu personnel의 확립(institution, 제도화)으로 제시한다. 또한 《자본》에서도 마르크스는 자본주의적 생산의 조건들이 "[직접]생산자[즉 노동자]를 훼손시키며(…), 생산자를 기계의 부속품으로 전락시킨다"고 설명한다. 반면 공산주의에서는 "사소한 사회적 기능의 단순 담지자로서의 부분적 **개인**을 완전히 발전된 개인"으로 대체하는 과업이 수행될 것이다.

마르크스가 개인성 개념에 부여한 비판적이고 유토피아적인 이러한 이중적 기능을 가장 충실히 발전시켰던 마르크스주의자는 아마도 테오도어 아도르노일 것이다. 아도르노는 현대 사회에 의해 개인성이 파괴되는 여러 형태들을 분석하려고 시도한다. 그리고 아도르노는 각자의 환원 불가능한 특이성singularité을 존중하면서도 동시에 각자가 정서적이고 사회적이며 자연적인 자신의 환경과 유지하는 다형적인 관계를 가능케 하는 사회에 대한 유토피아적* 관점을 묘사한다.

# 경쟁과 가격

CONCURRENCE ET PRIX

마르크스는 영국의 고전파 경제학자들*로부터 경쟁에 관한 분석을 차용하며 이를 조금 더 정교화한다. 기본적인 논의의 틀은 서로 다른 상품들*을 생산하는 부문들 전체를 포함한다. 우선 우리는 한 부문 내의 모든 기업들이 동일한 기업들이라고 가정할 수 있다. 이와 동일하게 우리는, 더욱 많은 생산을 위해서는 상품 생산에 드는 비용이 필연적으로 상승(비용 상승은 생산량의 감소로 이어진다)한다는 사실과 관련된 모든 고려 사항들을 추상*할 수 있다. (반면 마르크스는 지대 분석에서는 이 고려 사항들을 추상하지 않고 취급한다)(→ '지대' 항목을 보라–옮긴이)《자본》3권 초반부에서 진행되는 경쟁에 대한 분석에서 마르크스는 지대 분석을 생략[추상]한다.

　이러한 기본적인 논의 틀 내에서, 마르크스는 가치에 비례하는 가격에 따른 상품 교환 법칙(이는 자본주의적 생산의 특징을 추상한 법칙이다)(→ '상품' 항목을 보라)과는 구분되는, 새로운 **교환 법칙**[자본주의적 상품 교환 법칙]을 정의한다. 각 부문 내에서 자본 구성*이 불균등하다는 사실로 인해, (동일 노동, 동일 임금에 따른[다시 말해 각 부문들 간 착취율이 동일하다는 점에 따른]) 동일한 잉여가치*율은 불균등한 이윤율이라는 결과를 산출할 것이다.(→ '가치와 생산가격으로의 전형' 항목에서 예시로 제시된 부분을 보라) [반면] 이러한 자본주의 경제 내의 정상 가격은 서로 다른 부문들에 동일한 이윤율을 보증해준다.

이러한 경쟁 분석의 핵심에서 우리는 서로 다른 부문들 내에서 능동적 기업가들이 획득하게 되는 이윤*율을 발견하게 된다. 기본적인 아이디어는 자본가들이 다양한 상품들을 생산해서 실현한 이윤율을 지표로 삼아 자신들의 투자(자본의 지출avances)를 결정한다는 것이다. 만일 한 상품의 생산이 다른 상품의 생산보다 더 높은 이윤율을 가져다준다면, 더 많은 자본이 이 상품의 생산에 투자(축적)될 것이고 그 역 또한 마찬가지일 것이다. 마르크스는 더욱 높은 이윤율에 의한 이러한 자본 유인이 서로 다른 부문들에서의 이윤율의 균등화 경향을 이끌어낸다고 주장한다.

이러한 메커니즘은 **공급**과 **수요**의 상황에 따라 시장에서 이루어지는 (**시장가격**에 의한) 가격 조정을 통해 이루어진다. 이러한 가격 조정은 이 가격들을 개별 가격 체계, 즉 **생산가격**으로 수렴하도록 이끈다. 더욱 높은 이윤율의 유인으로 인해 한 부문으로 자본이 집중됨으로써 이 재화의 공급은 증가하고, 이는 이 재화의 가격을 하락시키는 경향을 발생시키게 된다. 자본의 수익성이 평균보다 열등한 부문들의 경우에도 공급의 부족으로 인해 가격이 상승하는 효과를 통해 마찬가지의 대칭적 경향이 발생한다. 그리고 역으로 이 가격 운동이 이윤율의 운동을 지배한다.

이는 자신들의 생산과 가격을 변경[조정]하는 기업들과 이러저러한 부문에 더 많이 혹은 더 적게 투자하는 자본가들에 의해 실현되는 지속적인 조정 메커니즘이며, 또한 다양한 사건들(충격들)에 의해 [지속적으로] 재형성되는 불균형의 메커니즘이기도 하다. 가격은 생산가격과 일치하지는 않지만 이 생산가격을 '중력의 중심[축]으로 삼고 운동'graviter하는 경향을 가지게 된다. 하지만 이 생산가격이라는 중력의 중심[축] 자체가 바로 우리가 훨씬 더 느리게 발현되는 것으로 가정하는 전위들déplacements(변화들, 즉 기술 변화의 효과, 수요의 증가 또는 감소 등등)에 종속되어 있는 것이기도 하다.

사실 어떠한 부문이든 그 부문 내에는 서로 다른 생산 방법을 활용하는, 서로 다른 효율성을 발휘하는 서로 다른 기업들이 존재하고 있다. 이윤율의 균등화 경향은 개별 기업들이 아니라 각 부문의 기업 평균과 관련된 것이다. 왜냐하면 그 어떠한 동일 상품의 유일 가격도 더 높은 혹은 더 낮은 생산성을 지니고 있는 서로 다른 기업들에 대해서 동일한 수익을 보장해줄 수는 없기 때문이다.

부문들 간의 동일한 이윤율 형성의 메커니즘은 자본들이 (노동자들이 한 기업에서 다른 기업으로 이직할 수 있는 것과 마찬가지로) 더욱 '유동적'mobiles이면 유동적일수록 더욱 효과적으로 작동한다. 게다가 신용* 체계의 발전[즉 금융화]이 이러한 운동에 기여한다. 역사적으로 기업들의 규모가 증가할 뿐만 아니라 또한 이러한 자본주의적 투자자로서의 기능을 수행하는 금융기관들의 규모 또한 증가한다.(→ '은행자본' 항목을 보라) 그리고 거대 기업도 그 자체로 또한 자신들의 생산을 서로 차별화한다. 마르크스 이후의 마르크스주의 이론은 독점* 혹은 독점적 경쟁에 대해서 많은 분석을 수행했다. 그러나 정작 마르크스 자신은 자연 독점만을 다루는 것에 그친다.(→ '집중' 항목을 보라)

# 경향

TENDANCE

《자본》은 자본주의적 생산의 거대한 '경향들' 전체에 대한 매우 정교한 분석을 담고 있다. 《자본》에서 고려되는 변수들, 즉 노동생산성, 자본 구성*, 잉여가치*율 그리고 이윤* 율은 기술과 분배의 변화를 기술해준다. 또한 우리는 여기에 실질임금* 혹은 임금의 구매력을 추가해야 한다. 비록 마르크스가 실질임금 혹은 임금의 구매력이라는 변수를 암묵적인 방식으로 (하지만 필수적으로) 다루는 경향을 보이기도 하지만 말이다. 이 경향들 중 가장 중요한 경향은 바로 이윤율의 경향적 저하이다.

　이 경향들은 기간이 명확히 제시되지 않는 한 몇 년 혹은 몇 십 년의 기간 동안 진행되는 것으로 간주된다. 마르크스는 십여 년 간격으로 진행되는 여러 산업주기[경기순환들]의 연속이라는 관념을 명확히 지니고 있었다.(→ '위기' 항목을 보라) 마르크스를 따라서 우리는 '장기'long terme 혹은 '역사적 기간' terme historique에 대해 말할 수 있다.

　사실 마르크스에게서 경향이라는 개념은 두 가지 의미를

마르크스주의 100 단어　29

지니고 있다. 이 경향 개념은 장기간에 걸친 운동(더욱 짧은 경기 변동들fluctuations을 생략한 경향선들)을 의미할 뿐만 아니라 또한 변수들이 특정한 방향으로 나아가게 된다는(이 변수들의 실제 운동이 대립적 영향, 즉 부분적으로 이 경향을 약화시키고 심지어는 이 경향을 제거하기도 하는 '반경향contre-tendances'에 의해서도 또한 결정됨에도 불구하고 말이다) 사실을 의미하기도 한다.

매우 종합적인 방식으로, 우리는 이윤율의 저하 경향에 대한 마르크스의 분석을 다음과 같은 방식으로 요약할 수 있다. 기술 측면에서, 노동생산성의 상승과 자본의 기술 구성의 상승은 상당히 쉽게 관찰 가능한 두 가지 거대한 역사적 경향이다. 이 두 경향은 서로 연결되어 있는데, 왜냐하면 노동생산성은 기계화, 다시 말해 자본의 기술 구성의 상승이라는 주요 측면에 의해 증가하기 때문이다. 분배의 측면에서, 임금의 구매력이 일정하다는 가정은 노동생산성 향상의 효과(이 노동생산성 향상이 노동자들의 소비재 생산에 영향을 미치는 범위 내에서의 효과)로 인한 잉여가치*율(상대적 잉여가치)의 상승을 함의할 것이다. 또 다른 가정은 잉여가치율이 일정하다는 가정인데, 이는 자본가와 노동자 사이에서 생산력 향상에 대한 이득을 특정한 방식으로 '분배'한다는 점을 전제한다. 하지만 기본적으로는a priori 모든 다른 경우들 또한 고려 가능하다.

이윤율 공식, 즉 r = pl/(c + v)의 분자와 분모 모두를 가변자본 v로 나눔으로써 우리는 다음을 얻게 된다.

$$r = pl/v / (c/v + 1)$$

이를 통해 우리는 잉여가치율, 즉 pl/v의 상승이 이윤율의 증가를 초래하며, 반면 자본 구성, 즉 c/v의 상승은 이윤율의 저하를 초래한다는 사실을 확인할 수 있다. 그러므로 이윤율의 변화는 이 두 변화, 즉 잉여가치율과 자본 구성 사이의 상대적인 운동(dynamiques, 동역학)에 따라 변화한다. 자본구성의 운동mouvement이 잉여가치율의 변화를 부분적으로 조건 짓는다는 점에서 말이다(자본 구성을 증가시키지 않고 잉여가치율을 상승시키기는 어렵다).

우리는 자본주의적 축적*의 법칙을 통해 이러한 메커니즘들 사이의 관계를 파악할 수 있다. 자본 구성의 상승은 산업예비군을 재창조하며, 그렇기 때문에 임금 상승을 압박하고 생산력 상승으로 인한 이득을 잉여가치율의 상승으로 전치시키는 경향을 가지게 된다. 하지만 이러한 자본 구성의 상승은 이윤율의 상승을 압박하며, 또한 자본주의적 축적 법칙의 메커니즘이 산업예비군을 재창조한다는 측면에서 자본가들에게 유리한 방식으로 작동한다는 점을, 그럼에도 [이윤율의 상승을 압박한다는 측면에서] 수익성을 높이기 위한 왕도는 아니라는 점을 회고적인 방식으로 (다시 말해《자본》3권에서《자본》2권에서 다루는 바에 대해 설명하는 방식으로) 보여준다. 사실 이러한 메커니즘의 결과는 상황들[조건들] 전체에 의존하는 것이다. 마르크스는 자본주의적 생산양식의 경향이, 축적과 위기*의 측면에서 심각한 결과를 초래하는 방식으로 이윤율 하락이 발생하게 되는 국면들로 [결국은] 진입한다고 결론내린다. 마르크스의 이러한 분석은 역사적으로 굉장히 정확한 분석이다.

　마르크스는 이러한 [이윤율 하락의] 법칙의 반경향들에도 많은 이론적 전개를 할애한다. 그중 가장 중요한 반경향은 [자본주의의] 근본적 메커니즘 그 자체에 속하는 것으로, 바로 잉여가치율의 상승 경향이다. 하지만 마르크스는 다른 과정들[즉 경향들] 또한 도입한다. 예를 들어 주식회사의 일반화와 같은 과정이 그러하다. 주식회사가 일반화 되는 경우, 이는 [자본주의적 축적의] 법칙이 고유한 의미에서의 '반작용'contrée을 겪는 것이 아니라 기업들이 더욱 낮아진 이윤율에 적응할 수 있는 제도적 틀이 등장한 것이다.

# 계급과 수입

CLASSES ET REVENUES

《자본》 3권 끝부분에서 마르크스는 수입 형성의 경로canaux
와 자본주의 내 계급 사이에서 이루어지는 대응에 관한 논
의를 제시한다. 생산적 노동자들의 노동력에 대한 구매 가
격으로서의 임금*에 **노동자 계급**이 대응한다. 이자*에는 생
산수단의 소유자로서의 **자본가 계급**을 연결 지을 수 있다.
마지막으로 지대*에는 **토지 소유자 계급**이 연결된다. 바로
이것이 마르크스가 '삼위일체 정식'이라고 부르는 것이다.

　부르주아 경제학자들이 제시하는 이러한 대응[즉 삼위일
체 정식]은 의심스러운 것이며, 마르크스는 특히 이자와 자
본을 동일한 것으로 결합하는 그들의 주장을 조롱한다. 왜
냐하면 그 당시 지배적이었던 이러한 [부르주아 경제학] 이론
은 이자와 지대 내에서 잉여가치*의 형태들*을 보지 못하기
때문이다. [바로 이러한 삼위일체 정식을 통해] 사회적 관계는
사물화*réifiés되는 것이며, 자본은 '배나무에 배가 열리듯' 자
연스럽게 이자를 낳는 것으로 간주된다.

# 계급투쟁

LUTTE DES CLASSES

아마도 계급투쟁은 마르크스주의 이론의 역사에서 가장 중요한 개념일 것이다. 1848년 《공산주의자 선언》을 시작하는 다음의 문장에서 우리는 이 계급투쟁 개념의 고전적 정식화를 발견할 수 있다. "오늘날에 이르는 모든 사회의 역사는 계급투쟁의 역사이다. 자유인과 노예, 귀족과 평민, 영주와 농노, 직인들의 관리자와 직인들, 간단히 말해 억압하는 자와 억압받는 사는 시속적으로 대립해왔으며, 이 둘은 때로는 감추어진 때로는 노골적인 끊임없는 투쟁을 행해왔다." 1890년에 한 주석에서 엥겔스는 위의 주장이 [선사 시대 이후의] **역사** 시대를 대상으로 하는 주장이라는 점을 명확히 한다. 게오르그 루트비히 마우러Georg Ludwig Maurer와 루이스 헨리 모건Lewis Henry Morgan은 계급 없는, 그러니까 계급투쟁 없는 원시* 공산주의 사회들의 존재를 보여주었다. 여기에서 말하는 투쟁이 순전히 경제적이기만 한 것이 아니라 정치적이기도 한 용어인 '억압하는 자와 억압받는 자' 사이를 대립시킨다는 점은 흥미롭다.

마르크스는 1852년에 자신의 친구인 조제프 아르놀트 바이데마이어Joseph Arnold Weydemeyer에게 보낸 편지에서 사회 계급과 그 투쟁의 존재를 발견한 이는 자신이 아니라는 점을 지적한다. 사실 우리는 이 개념을 오귀스탱 티에리Augustin Thierry와 같은 프랑스 역사학자들에게서, 그리고 특히 1829년 앙리 데스로슈Henri Desroche의 《생시몽적 원리 해설》에서 발견할 수 있다. 하지만 마르크스는 오귀스탱 티에리의 개념에서 인종주의적 함의들을, 앙리 데스로슈의 개념에서 진화주의적 함의들을 제거한다.

계급투쟁은 마르크스와 엥겔스의 역사학적 작업들, 즉 엥겔스의 1850년 《독일 농민 전쟁》, 마르크스의 1850년 《프랑스에서의 계급투쟁》, 1852년 《루이 보나파르트의 브뤼메르 18일》, 1871년 《프랑스 내전》에서 핵심적인 위치를 차지한다. 프롤레타리아와 부르주아지*가 대립하는 투쟁은 마르크스와 엥겔스의 역사 분석의 중심에 위치하지만, 다른 계급들 혹은 계급 분파들의 역할 또한 이 역사 분석 내에서 고려된다. 마르크스는 《공산주의자 선언》에서 부르주아지의 몰락과 프롤레타리아의 승리가 "동일하게 불가피하다"고 믿는 것 같다. 하지만 다른 구절에서 마르크스는 계급투쟁의 결과가 사회의 혁명적 변형일 수도 있고 "투쟁하는 두 계급의 공멸"일 수도 있다고 주장한다.

# 고전파 경제학

ÉCONOMIE CLASSIQUE

경제학 연구를 할 때 마르크스는 자신보다 앞선 경제학자들로부터 많은 영감을 얻었다. 그중 마르크스에게 가장 중요한 두 명의 저자는 바로 위대한 영국 '고전파' 경제학자로 1776년 《국부론》을 출판한 애덤 스미스와 1817년 《정치경제학과 과세의 원리》를 출판한 데이비드 리카도이다. 마르크스가 이 두 이론가와 맺었던 경제학적 관계는 비판*과 차용이라는 이중적 관계이다. 마르크스는 '속류' 경제학자들, 즉 비과학적인 경제학자들(이 '속류' 경제학자들 중에 가장 유명한 이는 바로 장 바티스트 세Jean-Baptiste Say이다. 그의 저서 《정치경제론》은 19세기 초에 여러 쇄를 찍었다)과는 달리 이 두 사상가에 대해서는 분명한 존경을 표한다.

마르크스는 이 고전파 경제학자들의 저작 속에서 어느 정도 정교하게 구성된 가치에 대한 이론(→ '상품' 항목을 보라)을 발견한다. 이 가치에 대한 이론에서 가치의 원천은 노동이다. 그러므로 마르크스는 이 고전파 경제학자들의 저작 속에서 잉여가치*에 대한 전유로 이해된 착취 이론의 몇몇 요소들을 가져오는 것이다. 이 고전파 경제학자들은 착취 그 자체를 분명하게 분석해내지 못하지만, 마르크스는 그들의 분석 속에서 착취 분석을 위한 기초를 발견해낸다. 마르크스는 이 고전파 경제학자들의 경쟁과 생산가격 형성에 대한 분석(→ '위기'과 '변형' 항목을 보라)을 조금 더 복잡화시키면서 반복한다. 마르크스에 따르면, 속류 경제학은 자본가들이 자신들이 하는 [현실의] 실천으로부터 얻게 되는 [경제에 대한] **표상들**에 이론적 허울을 씌우는 것밖에 하지 않으며, 속류 경제학자들의 작업은 이 자본가들의 실천과 자본주의 전반을 정당화하고자 할 뿐이다.

마르크스는 자신과 동시대의 '정치경제학'을 '비판'하는 작업을 실행하지만, 이와 동시에 그는 (상품, 가치, 자본*, 이윤* 등과 같은) 정치경제학의 위대한 개념들을 설명하고 (가치 법칙, 자본주의적 축적* 법칙, 이윤율 저하 경향*의 법칙 등과 같은) 자본주의 생산양식의 거대한 법칙들을 분석하기 위해 정교하게 구성된 이론적 체계를 구축하는 경제학 작업들[특히 《자본》]을 남겼다.

# 공산주의, 사회주의 그리고 사회민주주의

COMMUNISME, SOCIALISME ET SOCIALDÉMOCRATIE

1846년 《독일 이데올로기》에서 마르크스와 엥겔스는 공산
주의를 사적 소유의 철폐와 생산과 교환에 대한 공동의 규제
réglementation commune를 통해 "현재의 상태를 폐지하는 현실의
운동"으로 정의한다. 1848년 《공산주의자 선언》에서는 전통적
인 소유관계뿐만 아니라 전통적인 관념과도 가장 근본적이고
급진적으로 단절하는 것으로 공산주의* 혁명*을 제시한다.

　《공산주의지 선언》의 1890년 독일어판 서문에서 엥겔스
는 왜 자신들의 팜플렛을 '사회주의자 선언'으로 부르지 않았
는지 그 이유를 설명한다. 1875년 〈고타 강령 비판〉에서 마르
크스는 공산주의를 "생산수단의 공동 소유에 기초한 협동적
사회société coopérative"로 정의한다. 마르크스는 각자가 자신의
노동에 따라 대가를 분배받는 공산주의의 낮은 단계(바로 이
단계가 종종 '사회주의'라고 불리는 것이다)와 자신의 깃발에 '능
력에 따른 노동, 필요에 따른 분배'라고 쓸 수 있는 공산주의
의 높은 단계를 구분한다. 공산주의 인터내셔널(→ **'국제주의' 항
목을 보라**)을 창립한 1919년 이래로 '공산주의'라는 용어는 '단

기 20세기' 내내 러시아 혁명과 소련의 지지자들을 지칭하게 된다. (스탈린에 준거하는) 지배적인 공산주의의 경향에 대립하여, 평의회주의conseillisme, 자유주의적 공산주의, 트로츠키주의* 등과 같은 이단적 공산주의의 흐름 또한 나타나게 된다.

이후 '사회주의'라는 용어는 마르크스주의를 표방하는 혁명적 변혁으로부터 만들어진 사회들을 지칭하는 것으로 일반화된다. 이 사회들은 사회주의로 지칭되기도 하고 공산주의로 지칭되기도 했으며, 이 사회들 또한 사회주의 혹은 공산주의로 스스로를 선언해왔다. 예를 들어 '일국사회주의'라는 용어가 사용되기도 했다. 많은 수의 혁명 운동가들이 (비록 이 중 몇몇은 자신들을 공산주의에 준거하기를 더 선호하기도 했으나) 초기 사회주의부터 생태사회주의*에 이르기까지 [여러 종류의] 사회주의를 위해 투쟁하고 있다.

'사회민주주의'라는 용어 또한 이와 동일한 모호성을 지니고 있다. 마르크스주의 혁명가들은 제3인터내셔널 이전에 자신들을 사회민주주의자로 지시해왔다. 하지만 제3인터내셔널은 노동자 운동을 혁명적 분파와 개량적 분파로 분열시켰고, 이로 인해 혁명주의자들에게 사회민주주의라는 용어는 경멸적 의미를 지니게 되었다.

오늘날 '사회민주주의'와 '사회주의'라는 용어는 사회보장에 호의적인 강령을 주장하거나 시장에 대한 국가의 더욱 강력한 개입을 주장하는 당파들을 지칭하기 위해 활용된다.

# (인간들 사이의) 교류

COMMERCE (ENTRE LES HOMMES)

1846년 폴 안넨코프Paul Annenkov에게 보내는 편지에서 마르크스는 역사에 대한 자신의 개념화가 취하는 원리들을 다음과 같은 용어로 (프랑스어로) 요약한다. "(그 형태가 어떠하든 상관없이) 사회란 과연 무엇인가? 바로 인간들 사이의 상호적 행위의 생산물이다(…). 이들의 물질적 관계는 이들의 모든 관계의 기초를 형성한다(…). 인간들은 그들의 교류가 더이상 그들이 획득한 생신력에 조응하시 않는 순간 그들의 모든 전통적인 사회적 형태들을 변화시켜야만 하도록 강제된다. 나는 여기에서 '교류'commerce라는 단어를 우리가 독일어에서 Verkehr(교류/교환/교통)라고 말할 때와 같이 가장 일반적인 의미로 사용한다."

여기에서 사회는 필요*를 충족하기 위한 목적으로 행해지는 협동적 활동activité coopérative으로 정의되며, 이 협동적 활동은 생산 활동 혹은 노동으로, 그리고 타인과의 상호 작용으로 동시에 제시된다. 이 협동적 활동이라는 차원을 지시하기 위해 마르크스는 《독일 이데올로기》에서 Verkehr라는 용어를 활용한다. 마르크스는 이 Verkehr를 위의 편지에서 ("인간들 사이의") "교류"commerce로 번역한다. 하지만 경제적인 의미를 명확히 지니는 단어인 '교환 형태'Verkehrsform, formes d'échange와 '교환 관계'Verkehrsverhältnisse, rapports d'échange 같은 개념들이 지니는 함의를 놓치지 않기 위해서는 이 Verkehr를 교환échanges 이외의 다른 단어로 번역하기는 힘들다.[1]

그러므로 인간들 사이의 교류(혹은 교환)라는 개념은 개인들 간의 상호 작용 일반('물질적 교환'과 '정신적 교환')뿐만 아니라 이 상호 작용이 경제적 활동 내에서 (즉 생산적 '협동'과 상품 교환이라는 형태하에서) 실현되는 방식 또한 지시한다. 《자본》에서 물신숭배*와 법Droit*이 이 상호 작용 내에서 수행하는 기능에 대해 행한 분석과 마찬가지로, 이러한 상호 작용 내에서 언어가 수행하는 기능에 대해서 《독일 이데올로기》에서 행하는 분석은 인간들 사이의 교류가 취하는 특수한 양태들에 관한 이론에 속한다.

우리는 사회적-역사적 세계를 (장 보드리야르의 주장을 따르자면 마치 모든 사회적 삶이 인간의 생산적 활동으로 환원 가능하다는 듯이) 생산이라는 유일한 관점으로만 분석한다고, 그리고 (위르겐 하버마스의 주장을 따르자면) 인간적 활동을 '도구적 행위'agir instrumental로 환원한다고 종종 마르크스를 비

---

1  쉽게 말해, 저자의 관점에서는 '교류'보다는 '교환'이 'Verkehr'의 번역어로 더 적합하다는 것이다. - 옮긴이

난하곤 한다. 하지만 마르크스에게서 인간적 행위agir humain는 다음과 같은 두 가지 측면으로, 즉 한편으로는 자연과 노동생산물(경제적 생산과 교환)과 맺는 도구적 관계rapport로, 다른 한편으로는 타인(인간들과의 교류)과의 관계relation로 동시에 이해된다.

# 과잉결정

SURDÉTERMINATION

마르크스가 의식적 삶은 물질적 삶에 의해 결정된다고 강조한 것과 달리, 엥겔스는 '최종심급'*에서만 '현실적 삶의 생산과 재생산'이 역사에서의 결정적 계기moment라고 주장했다. 마르크스주의 내에서 이루어진 경제적 결정의 양태들에 관한 논의 또한 《자본》에 등장하는 다음과 같은 언급에 기반을 둔다. "[중세 시대는-저자] 천주교와 양립할 수 없었으며, [아테네는-저자] 정치와 양립할 수 없었다. 반면 그 당시의 경제적 조건들은 [이러한 양립 불가능성에도 불구하고] 왜 저곳에서 천주교가 그리고 이곳에서 정치가 중심적인 역할을 수행했는지를 설명해준다." 결정적 계기와 지배적 계기 사이의 이러한 차이는 1926~1937년 《옥중수고》 1권에서 '근본적인 것'과 '우세한 것'prépondérant 사이를 구분하는 안토니오 그람시에게서 발견된다.

루이 알튀세르는 지배적 관계 내에서의avec dominance 상호적 결정 관계들이라는 이러한 개념화를 발전시키려 노력하였으며, 그 결과 '과잉결정'과 '과잉결정된 모순'이라는 개념들을 도입하게 되었다. "경제적 변증법은 절대로 순수한 상태로 작동하지 않는다. (…) 처음에도 마지막에도, '최종심급'이라는 고독한 순간은 오지 않는다." 사회의 경제적 토대가 지니는 모순은 "단 하나의 유일한 운동 내에서 결정하는 역할을 수행함과 동시에 결정되기도 하며, 자신의 원리 내에서 과잉결정된다."(1965년《마르크스를 위하여》)

# 과학

SCIENCE

마르크스는 한편으로 과학이 철학*에 대해 가지는 우월함 때문에, 그리고 이 과학이 가지는 비판적*인 효과와 탈신 비화의 효과 때문에 과학을 중요시했다. 과학은 경험에 대한 합리적 재구성을 실행함으로써 사물들의 본성을 파악하는 기능을 가지고 있다. "만일 사물들의 외양apparence과 본질 essence을 혼동한다면 그러한 모든 과학은 불필요한 것에 불과할 것이다."(《자본》)《자본》의 과학적 분석 과정은 고전파 경제학을 지배하고 있으며 또한 혁명적 투쟁을 제약하고 있는 물신숭배적*인 허상과 이데올로기적 장애물을 해체하는 기능을 가지고 있다.

《자본》 서문에서 물리학, 화학 그리고 생물학을 예로 제시하고 있고, 또한 다윈의 발견에 열광하기도 하지만, 그럼에도 마르크스는 경제학의 수학화 기획(1880년 3월 6일의 편지)이든 다윈의 이론에 대한 보편적 적용을 목표하는 시도들(1870년 6월 27일 편지)이든, 모든 과학적 환원론에 반대했다.

동일하게 마르크스는 과학의 역사에 대한 언급들을 제시

하기도 했다. 1857~1858년《정치경제학 비판 요강》에서 마르크스는 자연과학의 발전이 어떻게 자본주의를 위한 기능으로 설명될 수 있는지, 그리고 왜 공산주의* 혁명*은 자연과학이 이룩한 집단 지성의 소외된 형태들을 재전유(→ **'전유'** **항목을 보라**)해야 하는지를 설명했다.

과학의 본성이라는 질문은 마르크스주의의 두 가지 거대한 논쟁의 대상이 되었다. 근대 과학을 합리성의 진보*로 해석해야 하는가 아니면 사물화된 지성 형태들(게오르그 루카치)로 이해해야 하는가? 과학의 보편성을 옹호해야 하는가 아니면 반대로 프롤레타리아 과학*(리센코주의)을 옹호해야 하는가? 이 두 가지 해석에서 쟁점이 되는 것은 과학의 인식론적 가치와 그 정치적 기능이다.

# 국가

ÉTAT

1848년《공산주의자 선언》에서 국가를 "다른 계급을 억압하기 위한 한 계급의 조직된 권력"으로 단순히 정의했던 것과 달리, 마르크스는 1852년《루이 보나파르트의 브뤼메르 18일》에서 국가에 대한 훨씬 더 정교한 분석을 제시한다. 이 분석에서 마르크스는 국가 장치appareil d'État라는 이 "관료제적이고 군사적인 거대 조직", 이 "기생충 같은 무시무시한 집합체"가 (특히 보나파르트주의*의 경우에서와 같이) 사회로부터 분리되어 자율화될 수 있다고 주장한다. (물론 결국 국가는 [사회에 속해 있는] 지배계급의 이해관계를 위해 복무하겠지만 말이다) 마찬가지로, 1884년《가족, 국가 그리고 사적 소유의 기원》에서 엥겔스는 국가를 "표면적으로는 사회 위에 위치해 있는 권력", 하지만 기존의 사회적이고 경제적인 "질서"를 유지하는 역할을 수행하는 권력으로 정의한다.

파리코뮌의 경험은 노동자들이 위계-관료제적이고 군사적인 구조를 취하고 있는 부르주아 국가 장치를 자신의 것으로 취할 수 없으며, 이 부르주아 국가 장치를 더 이상 용어의 엄밀한 의미에서의 국가가 아닌, 노동자 권력의 한 형태로 대체함으로써 이를 부러뜨려야briser 한다는 결론으로 마르크스를 이끌었다(1871년 《프랑스 내전》).

레닌은 1917년 《국가와 혁명》에서 국가와 이 국가를 파괴하는 혁명이 지니는 폭력적 차원을 강조함으로써 사회민주주의에 반대해 이러한 마르크스의 관념을 다시금 강조한다. 안토니오 그람시는 1930년대에 집필한 《옥중수고》에서 레닌의 관점에 반대하지 않으면서도 국가는 "강압coercition이라는 갑옷을 입은 헤게모니*"이기 때문에 (특히 서구 유럽 국가들의) 혁명적 계급은 권력을 쟁취하기 이전에 시민사회의 헤게모니부터 쟁취해야 한다는 테제를 발전시킨다.

# 국제주의

INTERNATIONALISME

1848년 《공산주의자 선언》에서 공산주의자*는 "프롤레타리아의 다양한 민족 투쟁들 속에서 (···) 프롤레타리아라는 집합 전체의 공통의 이해를 위해 싸우는 이"로 정의된다. 바로 이 정의로부터 다음과 같은 유명한 최종 구호가 등장하게 된다. "만국의 프롤레타리아여, 단결하라!" 마르크스의 활발한 참여와 함께 이루어진 1864년 제1인터내셔널의 창립은 이러한 단결을 실천으로 실현하는 최초의 시도였다. 마르크스는 1871년 파리코뮌의 국제주의적 정신을 환영했다. (파리코뮌의 몇몇 주요 지도자들은 외국인이었다) 제1인터내셔널에서 마르크스주의적이고 아나키즘적인 흐름들이 헤게모니를 쟁취하기 위해 서로 대립했다면(이러한 갈등은 결국 제1인터내셔널의 해체로 이어졌다), 이와 달리 1889년 엥겔스의 참여와 함께 창립된 제2인터내셔널은 마르크스주의를 [명시적으로] 표방했다. 하지만 1914~1918년 동안의 제1차 세계대전 당시 각국의 주요 사회민주주의 정당들(→ **'공산주의' 항목을 보라**)은 [국제주의에 반하는 민족주의적 입장을 채택해] 각자 자신들의 정부를 지지했으며, 이는 결국 제2인터내셔널의 해체로 이어졌다. 러시아의 10월 혁명 이후 제3인터내셔널 혹은 공산주의 인터내셔널이 1919년 창립되었다. (이 제3인터내셔널은 창립에서부터 러시아 볼셰비키 당이 지배했다) 1924년 레닌의 죽음 이후, 그리고 '일국사회주의'라는 독트린 채택 이후, 제3인터내셔널의 정책은 점점 더 소련의 스탈린적 지도에 종속되었다. 하지만 1936~1938년 스페인의 국제 여단이 잘 보여주듯, 이러한 스탈린적 지도가 진정한 국제주의적 지향을 막지는 못했다. 트로츠키를 중심으로 모인 스탈린에 반대하는 공산주의자들은 1938년에 제4인터내셔널을 창립했다.

1960년대는 특히 삼대륙 연대(아프리카, 아시아, 라틴아메리카)를 중심으로 한 국제주의의 부활로 특징 지어진다. 더욱 최근에는, 1996년 차파티스타들이 조직한 '은하계' intergalactique 회의와 1999년의 WTO 반대 시애틀 투쟁으로부터 국제주의적 지향을 대표하는 대안 세계화 운동이 탄생하게 된다. 마르크스주의자 집단은 이 대안 세계화 운동을 형성하는 집단들 중 하나이다.

# 노동

TRAVAIL

마르크스는 자신의 가치 이론 내에서(→ **'상품'**과 **'노동과정'** 항목
**을 보라**) 가치를 하나의 상품을 생산하는 데 필요한 노동시간
으로 정의한다. 노동이라는 특수한 범주의 상품만이 가치를
생산할 수 있다. 그렇기 때문에 마르크스는 이를 '생산적 노
동'이라고 부른다. '생산적 노동'은 상당히 엄밀한 의미에서
의 상품, 즉 시장에서 판매할 목적의 재화(혹은 마찬가지로 시
장에서 판매되는 서비스 상품)를 생산하는 노동이다. 자기 자
신 혹은 자신의 가족이 사용하기 위한 개인의 물건 혹은 서
비스의 생산은 그 유용성이 얼마나 크든 간에 생산적 노동
이 아니다. 가내 노동도 마찬가지로 생산적 노동이 아니다.
이러한 노동은 노동력 가치(즉 노동력의 가격, 다시 말해 임
금*)를 하락시킨다. 그러므로 잉여가치*율을 상승시키는 데
기여할 수는 있다. 하지만 그럼에도 이러한 노동은 그 유용
성이 시장에서 인정되지 않기 때문에 가치를 생산하는 노동
은 아니다.

상품의 가치는 개별 생산조건으로부터 산출되는 것이 아

니라 시장이 규정하는 사회적 기준normes sociales으로부터 산출되는 것이다. 이러한 기준의 정의에 따르면 구체적 노동, 예를 들어 농부가 행하는 경작이나 금속 노동자가 행하는 주철이라는 두 가지 노동의 특수한 질은 고려 대상이 되지 않는다. 왜냐하면 이 기준들은 이 다양한 노동들 사이의 등가성을 정의하기 위한 것이기 때문이다. 마르크스는 구체적 노동이 아닌 '추상적' 노동에 대해 말한다. 이 '추상적' 노동은 '사회적으로 필수적인' 노동인데, 이는 규정된 구체적 노동의 한 형태 내에서조차, 노동자의 서로 다른 숙련도의 높고 낮음 혹은 다양한 기업들의 기술-조직적 수행 능력이 고려되지 않고 단지 그 평균적 조건만이 고려된다는 점을 의미한다. 이 평균적 조건들이 가치를 규정하는 것이다. 만일 어느 노동자가 평균보다 더 효율적으로 노동한나면, 그는 더 많은 가치를 창조해낸다(그 역도 마찬가지이다). 변별적인 구체적 노동들 각각에 고유하게 요구되는 숙련도(요구되는 숙련도의 차이 때문에 석공보다 시계공이 되는 것이 더욱 어렵다) 혹은 상대적 노동 난이도는 동일한 노동시간 당 마찬가지로 변별적인 가치량의 창조로 이어진다. 마르크스는 이를 '복잡' 노동과 '단순' 노동이라는 용어로 구분한다. 복잡 노동이 더 많은 가치를 창조한다.

이러한 기준들의 사회적 정의 뒤에는 항상 변화──가치를 창조하는 자신의 능력을 시장에서 인정받지 못한 노동은 다른 생산 영역으로 이동하는 자본가의 행동과 다른 직업으로 이동하는 임금노동자의 행동이라는 이중의 작용에 의해 버려지고 이 자본가와 임금노동자는 다른 노동을 위해 이동한다는 의미의 변화──를 지배하는 (상품의) 가격 혹은 (노동력 상품의) 임금을 통해 이러한 기준들이 인정된다는 관념이 존재한다.

기업에는 (다시 말해 가내 노동을 생략하고 말하자면) 자본주의적 생산의 근본적 실천에 속함에도 불구하고 마르크스가 명시적으로 '비생산적'이라고 정의하는 노동 또한 존재한다. 이러한 '비생산적' 노동은 (물론 이 용어의 의미가 지니는 외연은 매우 넓지만) 오늘날 우리가 '관리'gestion라고 부르는 바와 관계된다. 마르크스는 이 '비생산적' 노동을 기본적으로는 자본가의 업무로 제시한다. 비록 이 자본가의 업무가 비생산적이라는 그 특성에는 전혀 변화가 없이 특수한 자본가 범주 혹은 임금노동자[즉 관리자 계급]에게 위임될 수도 있지만 말이다. 이 '비생산적' 노동은 **비용** 전체와 관련된 것이다. 마르크스가 '유통 비용'이라고 부르는 것이 그 첫 번째 범주를 규정한다. 여기에서 우리는 가치 형태의 변화(→ **'자본'**, **'유통'**, **'형태'** 항목을 보라)와 관련된 모든 상업적 업무들뿐만 아니라 회계 노동 또한 발견한다. 특히 공장에서 노동자의 노동을 감독해야 할 필요성으로 인해 요구되는 **생산비용**도 존재한다. 마르크스는 생산적 노동 가운데에서 오케스트라 지휘자의 자리와 같은 '관리/조절/통제/지휘'coordination 노동을 위한 자리를 마련해주며, 자본가 또한 이러한 자리에서 노동할 수 있다는 점을 지적한다. 마르크스는 이러한 노동을 수행하기 위해 임금노동자[즉 관리직]를 고용하더라도 이러한 노동의 생산적 혹은 비생산적 성격이 변화하지 않는다는 점을 강조한다.

# 노동과정

PROCÈS DE TRAVAIL

《자본》에서 마르크스는 '노동과정'을 인간 자신의 노동 역량과 생산도구들을 활용함으로써 "인간과 자연 사이에서 일어나는, 그리고 그 속에서 인간이 자기 자신의 활동의 매개를 통해 자연과의 신진대사를 관리하고 통제하는 과정"으로 정의한다. 마르크스는 '노동과정'과 '가치 증식 과정'을 구분한다. 이 '가치 증식 과정'이라는 개념은 노동도구를 통한 대상 [즉 물체]의 변형으로서의 생산적 활동이 아니라 가치와 잉여가치(→ '상품'과 '잉여가치' 항목을 보라)의 생산으로서의 생산적 활동을 지시한다.

인간과 자연 사이의 신진대사(혹은 유기체적 교환)로서의 노동이라는 관념은 1844년 《경제학-철학 수고》에서 등장하는 것이다. 이 텍스트에서 마르크스는 자연*을 "인간의 비유기체적 신체"로 제시한다. 전통적으로 노동이 인공성의 원천이며 자연과의 단절로 해석되어 왔던 반면, 여기에서 마르크스가 강조하는 것은 바로 자연과의 연속성이다. 《자본》에 따르면 노동은 인간적 자연[본성]과 [인간] 외부적 자연을 변형함으로써 "자연 속에서 잠자고 있는 잠재력들"을 발전시키는 자연적 활동이다.

하지만 동시에 마르크스는 노동을 비판*한 사상가이기도 하다. 1844년 《경제학-철학 수고》에서는 노동을 종종 "소외된 활동"과 동일시한다. 1846년 《독일 이데올로기》에서는 공산주의가 "노동을 철폐"해야 한다고 강조한다. 정치경제학 비판과 관련한 텍스트들은 이 점과 관련해 노동 철폐의 기획과 '해방된 노동'으로 노동을 변형하는 기획 사이에서 동요한다.

마르크스주의의 중심에서 두 가지 서로 다른 경향이 대립해왔다. 첫 번째 경향은 (비록 1875년 〈고타 강령 비판〉에서 마르크스가 노동이 모든 부의 원천이라는 테제를 비판하기는 했지만) 노동을 과잉 가치화survalorisation하고자 했으며 두 번째 경향은 노동 비판과 그 철폐의 기획을 이어가고자 했다. 노동과 가치론 사이의 관계(추상노동, 필요노동, 생산적 노동 등등)는 '노동' 항목에서 다루었다.

# 노동자 평의회

CONSEILS OUVRIERS

투쟁 중인 공장에서 직접 선출된 대표들로 구성된 노동자 평의회(소비에트)는 1905년 러시아 혁명 동안 자기-조직화의 자생적 형태로 등장한다. 1917년 2월 혁명이 발발했을 때, 노동자 평의회와 병사 평의회가 형성되었고, 레닌은 4월에 '모든 권력을 소비에트로'라는 구호를 제시한다. 레닌은 1917년 저서《국가와 혁명》에서 평의회 권력을 부르주아 민주주의의 의회 제도에 대립하는 더욱 우월한 민주주의 형태로 제시한다. 10월 혁명은 권력을 노동자 소비에트, 농민 소비에트, 병사 소비에트로 구성된 국민 회의Conférence nationale에 권력을 양도하는 것을 목표로 했다. 하지만 1918년 이래로 로자 룩셈부르크가 주장하듯, 곧이어 당*의 권력은 소비에트의 역할을 상당 부분 축소시킨다.

러시아의 범례를 따라, 1918~1919년에 독일에서 노동자 평의회와 병사 평의회가 형성되지만, 평의회 권력의 공산주의 지지자들은 1919년 1월에 진압당하고 만다. 동일한 해에 몇 주 동안 바이에른 주에서, 그리고 몇 달 동안 헝가리에서 노동자 평의회 공화국이 1919~1920년 동안 권력을 잡았다. 노동자 평의회는 또한 오스트리아에서도 돌발적으로 출현하는데, 오스트리아에서 마르크스주의자 막스 아들러Max Adler는 평의회 권력과 의회 사이의 공존을 주장한다. 이탈리아에서 안토니오 그람시는 자신이 1919년 창간한 잡지 〈신질서〉 Ordine Nuovo에서 평의회를 발전시키기 위해 노력한다.

**평의회주의**conseilliste의 흐름, 특히 네덜란드인인 헤르만 고르터Hermann Gorter와 안톤 판네쿠크Anton Pannekoek는 노동자들의 자기-조직화로서의 평의회 민주주의 권력을 당\*의 중앙집권적이고 권위주의적인 권력에 대립시킴으로써 레닌과 볼셰비키들을 비판한다.

노동자 평의회는 또한 1956년 헝가리 혁명과 1968년 프라하의 봄에서 재등장한다. 이 두 경우 모두 노동자의 이러한 자기-조직화 경험은 탱크로 밀고 들어온 소비에트 권력에 의해 제압당한다.

# 농민 계층

PAYSANNERIE

1852년 《루이 보나파르트의 브뤼메르 18일》에서 마르크스가 취했던 농민 계층에 대한 태도는 최소한 양가적이었다고 말할 수 있다. 한편으로, 마르크스는 파편화된 농민 대중, 즉 "[농민이라는] 동일한 이름을 가진 사람들의 단순한 총합"은 하나의 정치적 조직을 형성하고 그 계급적 이해관계를 대변할 능력이 없다고 주장한다. 마르크스가 말한 이 파편화된 농민 대중이 1848~1850년에 루이 보나파르트를 지지하게 된다. 그래서 보나파르트 가문 왕조는 "농민의 진보가 아니라 그들의 미신을, 농민의 미래가 아니라 그들의 과거를" 표상한다. 다른 한편으로, 마르크스는 이 동일한 농민 계층이 수행할 미래의 혁명적 역할에 희망을 걸기도 한다. 마르크스는 이들의 혁명적 역할이 "프롤레타리아* 혁명*이 [농민 계층과 함께 부르는] 합창곡을 실현"하기 위한 필수조건이라고 주장하며, 이 [농민 계층과 함께 부르는] "합창곡 없이는, 모든 농업 민족에서 프롤레타리아 혁명의 독창은 장송곡이 될 것"이라고 주장한다.

마르크스는 말년의 몇 해 동안, 러시아 농민 공동체 전통에 더욱 깊은 관심을 기울이게 된다. 러시아 혁명가 베라 자술리치Vera Zassoulitch에게 보내는 1881년의 편지와 1848년 《공산주의자 선언》의 1882년 러시아어판 서문에서, 마르크스는 러시아의 농민 공동체적 소유가 러시아에서의 공산주의적 발전을 위한 시작점의 역할을 할 수 있다는 점을 지적한다.

러시아 마르크스주의자들은 이러한 마르크스의 제안을 진지하게 고려하지 않는다. 하지만 전략적 관점에서 쓴 저술들에서 레닌은 반反차리즘 혁명하에서 이루어지는 프롤레타리아와 농민 계층 사이의 필수적 동맹을 강조한다. 레닌에 따르면, 노동자당은 거대 토지 소유자들에 맞선 농민 계층의 투쟁을 지지해야 한다. 하지만 동시에 노동자당은 농업 부르주아지에 반대하는 투쟁에서 농촌 프롤레타리아들을 조직하기도 해야 한다. 마오쩌둥과 호치민, 다시 말해 중국과 베트남의 공산주의자들은 농민 계층을 그들 국가의 민족 해방과 사회 해방을 위한 전쟁의 주요 대중적 기초로 형성한다. 1960년대에 체 게바라와 프란츠 파농은 제3세계 국가들에서 농민들의 혁명적 역할을 각자의 방식으로 전면에 내세운다.

# 당파[1]

## PARTI

1848년 마르크스와 엥겔스가 함께 집필한 팜플렛의 제목이 바로 《공산당 선언》("공산주의자 선언"Manifeste du parti communiste) 이다. 여기에서 당파는 국제적 프롤레타리아* 전체의 역사적 이해관계를 옹호하는 대변자로 정의된다. 이 당파는 프롤레타리아의 정치 권력 쟁취와 부르주아적 소유의 폐지를 목표로 한다. 공산주의자 동맹은 이러한 형태의 당파를 구성하려는 최초의 시도였다. 공산주의자 동맹은 1836년 의인 동맹이라는 이름으로 구성되었으며 1847년에 공산주의자 동맹이라는 이름을 취하게 되었다.

정치적으로 다원적이며 민족적 경계를 넘어서는 새로운 조직 형태가 바로 마르크스와 엥겔스의 지지와 함께 1864

---

1 프랑스어 'parti'는 영어 'party'와 마찬가지로 '당'으로 옮길 수 있으나, '당'이라는 번역어가 이 단어의 의미를 '정당'으로 제한하는 효과가 있기 때문에 좀 더 외연이 넓은 어휘인 '당파'를 번역어로 선택했다. 사실 《공산당 선언》에서의 '당'도 '정당'보다 외연이 훨씬 넓은 '당파'의 의미로 쓰인 것이다. 그래서 《공산당 선언》과 마찬가지로 《공산주의자 선언》이라는 제목도 사용 가능하다. - 옮긴이

년 창립된 국제 노동자 연합Association internationale des travailleurs, AIT이다. 이 국제 노동자 연합의 1872년 헤이그 대회 결의안은 마르크스의 주도로 다음의 원칙을 채택한다. "프롤레타리아는 소유자 계급들에 의해 형성된 이전의 모든 당파들과 대립되는 변별적인 정치적 당파로 스스로를 구성함으로써만 계급\*으로서 행동할 수 있다." 이 원칙은 1889년에 창립된 제2인터내셔널에서도 계속 유효성을 획득한다. 그럼에도 제2인터내셔널의 중심은 마르크스주의를 표방하는 대중 당파[대중적 성격의 당파]이다.

레닌은 당파에 대해서 새로운 개념화를 제시한다. 1903년《무엇을 할 것인가》에서 레닌은 마르크스주의자들이 노동자 계급의 자생적인 노동조합주의적 경제주의를 넘어설 수 있는 능력을 가진 진위당을 구성해야 한다고 주장한다. 직업 혁명가들을 중심으로 구성된 이 전위당은 엄격히 집중화된 조직이어야만 한다. 이러한 레닌의 제안은 너무 중앙집권적이며 전혀 민주주의적이지 못하다는 이유로, 그리고 프롤레타리아가 행하는 자생적 투쟁의 혁명적 잠재력을 과소평가한다는 이유로 청년기의 트로츠키와 로자 룩셈부르크에게 비판받았다. 제2인터내셔널로 결집한 당들이 1914년 파산하면서, 레닌주의적 전위당 모델은 새로운 인터내셔널, 즉 공산주의 인터내셔널에서 최소한 첫 몇 년간은 지배적 패러다임으로 군림하게 된다. 하지만 스탈린이 권력을 독점하면서 이 레닌주의적 전위당 모델의 패러다임 또한 끝난다.

# 도덕

MORALE

마르크스는 도덕을 이데올로기*의 주요 형태 중 하나로 간주한다. 프롤레타리아*는 모든 것으로부터 박탈된 [즉 그 무엇도 소유하고 있지 않은] 존재이므로 정당화해야 할 특수한 이해관계를 가지고 있지 않다. 프롤레타리아적 도덕이란 존재하지 않는 것이다. 프롤레타리아가 가지고 있는 도덕은 항상 부르주아* 도덕의 한 형태이며, 바로 그렇기 때문에 《공산주의자 선언》은 '도덕적 사회주의'와 '부르수아적 사회주의' 혹은 '프티부르주아적 사회주의'를 동일시하는 것이다. 게다가 마르크스는 프롤레타리아가 부르주아 이데올로기에 대해 [그 존재 자체로] 비판적 성향을 가지고 있다고 간주한다. "프롤레타리아에게 법, 도덕 그리고 종교*는 부르주아지의 수많은 이해관계를 은폐하는 부르주아지의 수많은 선입견들이다."

마르크스에게 자본주의 비판은 보편적인 도덕 규범에 기초해서는 안 되며, 그와 반대로 현재의 사회질서에 반대하는 프롤레타리아의 실천적 투쟁이라는 특수한 관점을 취해야만 한다. 하지만 이 프롤레타리아의 실천적 투쟁에서 윤리적 지평이 전혀 존재하지 않는 것은 아니다. 그래서 1865년 《임금, 가격, 이윤》에서 마르크스는 혁명적 투쟁을 존재의 '극단적 퇴폐'extrême dégradation에 반대하는 '저항'으로 해석하며, 1875년 〈고타 강령 비판〉에서는 공산주의가 모든 이의 필요에 대한 만족을 요구하는 것에 기초해 있다고 주장한다.

마르크스주의 내에서 도덕에 관한 세 가지 입장이 전개된 바 있다. 정치적 현실주의라는 이름으로 도덕적 질문들을 상대화하는 입장(레온 트로츠키), 자본주의에 대한 비판을 보편적 도덕 원칙 위에 기초 짓고자 하는 입장(에두아르트 베른슈타인), 부르주아 도덕을 프롤레타리아 도덕 혹은 마르크스주의 도덕과 대립시키는 입장(로제 가로디Roger Garaudy)이 그것이다.

# 독점

MONOPOLES

마르크스는 자연 자원이 통제된 상황에 관해 언급하는 부수적인 경우를 제외하고는 독점에 대해 거의 다루지 않는다. 독점 이론은 19세기 말, 특히 미국에서 수익성 위기(→ '이윤' 과 '위기' 항목을 보라)가 발생했던 1890년대의 구조적 위기 동안에 발전했다. 이 수익성 위기는 기업들 간의 담합, 즉 카르텔과 트러스트의 발전이라는 경쟁*의 위기를 초래했다. 자신의 이익을 위해 경쟁의 규칙을 피하는 거대 기업들의 행동은 마르크스주의 경제학자들의 작업에서 중심 주제의 위치를 차지하고 있으며, 거대 자본에 반대해 인민들을 동원하기 위한 논거로도 활용된다. 레닌은 자신이 제시했던 제국주의에 관한 이론화 내에서 독점을 제국주의의 속성으로 제시한다.

1960년대 말에 미국 마르크스주의 경제학자들은 자본주의의 이러한 새로운 특징이 일단 말할 것도 없이 경쟁의 법칙들(생산가격의 형성)을 포함해 심지어 이윤율 저하 경향*과 같은 몇몇 자본주의의 법칙들을 왜곡시켰다[변형시켰다]고 주장하면서 '독점자본주의'에 관한 테제들을 발전시켰다. 프랑스에서는 폴 보카라Paul Boccara가 이와 동일한 주제를 '국가독점자본주의'에 관한 테제들에서 제시한 바 있다.

# 레닌주의

LÉNINISME

레닌주의라는 단어는 1924년 레닌의 죽음 이후에서야 사용
되기 시작한다. 우리는 레닌의 전위당* 이론, 자본주의의 최
고 단계로서의 제국주의*에 대한 분석, 민족들*의 자기결정
권에 대한 저술, 마지막으로 혁명*과 소비에트 권력(→ '노동
자 평의회' 항목을 보라), 그리고 프롤레타리아* 독재에 대한 성찰
을 1905년부터 시작되는 전쟁과 혁명의 시기에 조응하는 마
르크스주의의 특수한 변형태라고 간주할 수 있다.

　1924년 4~5월, 요제프 스탈린은 러시아 스베르들롭스크
대학에서 일련의 강연을 진행하고 이를 《레닌주의의 원리》
라는 제목의 소책자로 출간한다. 스탈린은 레닌주의를 다음
과 같이 정의한다. "레닌주의는 일반적으로는 프롤레타리아
혁명의 이론과 전술이며 특수하게는 프롤레타리아 독재의
이론과 전술이다." 이 소책자는 레닌이라는 볼셰비키 지도
자의 몇몇 주장들을 정전화하고 단순화시켜 도그마적인 원
리들로 만들어낸다. 끊임없이 운동하는 레닌의 철학적이고
정치적인 사상을 경직된 일련의 독트린들의 집합인 '마르크

스-레닌주의'로 변형하는 것이다. 몇 년에 걸쳐 스탈린은 여러 차례 '레닌주의의 문제들'로 되돌아오는데, 그때마다 스탈린은 더욱 권위주의적인 형태로 이 '마르크스-레닌주의'를 변형[왜곡]한다.

트로츠키와 그 지지자들 또한 스탈린과 마찬가지로 레닌주의를 표방한다. 이들은 1920년대와 1930년대 초에 스스로를 '볼셰비키적 레닌주의'의 흐름으로 정의한다. '일국사회주의' 혹은 '연속혁명'과 같은 주제들에 관해 스탈린주의와 트로츠키주의라는 공산주의의 두 흐름 사이에서 전개된 논쟁은 레닌의 유산을 누가 상속 받았는가를 둘러싼 전쟁의 형태를 취하게 된다.

1960년대부터 마오쩌둥 또한 흐루쇼프와 소비에트 지도부를 비판하는 논쟁에서 레닌을 자신의 참조점으로 삼는다. 전 세계의 마오주의적 조류는 스스로를 '마르크스-레닌주의적' 흐름으로 정의한다.(→ '마오주의' 항목을 보라)

# 로빈슨 크루소 신화

ROBINSONNADE

1857~1858년 《정치경제학 비판 요강》 서문에서 마르크스는 경제 법칙을 일종의 자연상태(혹은 로빈슨 크루소의 섬) 내에 고립된 개인들의 행동으로부터 연역하려는 경제학자들의 사고과정을 조롱하고 이러한 사고 과정을 루소와 같은 저자의 자연상태*라는 관념이 수행할 수 있는 비판적* 기능과 대립시킨다. "스미스와 리카도가 자신의 논의의 출발점으로 삼는 고립된 사냥꾼과 어부라는 예시는 18세기의 로빈슨 크루소 이야기를 통해 빈약하게 상상한 허구의 일부일 뿐이다. 문명화를 찬양하는 역사학자들에게는 실례되는 이야기이겠지만, 이 로빈슨 크루소 신화는 정교화에 대한 과잉[고도의 문명화가 초래한 과잉]에 대한 거부를 전혀 표현해주지 못하며, 또한 우리가 가진 잘못된[허구적] 표상인 자연상태로의 회귀를 전혀 표현해주지 못한다."

'로빈슨 크루소 신화'라는 용어는 이 용어를 유명하게 만들어준 이중의 비판을 표현한다. 한편으로 로빈슨 크루소 신화는 고전파 정치경제학이 기반한 행위 이론을 비판한다. 그러나 이 행위 이론의 주장과 다르게, 개인들*은 서로가 서로로부터 고립되어 있는 합리적인 행위자들이 아니라 항상 사회적 관계 내에 존재하며 사회적 관계에 의해 조건 지어져 있는 존재들이다. 다른 한편 로빈슨 크루소 신화는 자본주의의 법칙이 자연의 법칙과 부합하기 때문에 영원한 것이라는 주장으로 나아가는 이데올로기적 논증 유형을 탈신비화하려는 목적을 지니고 있다. 1847년 《철학의 빈곤》에서 마르크스는 이에 대해 다음과 같이 썼다. "경제학자들은 기묘한 사고방식을 갖고 있다. 그들에게는 인위적 제도들과 자연적 제도들이라는 두 종류의 제도들만이 있을 뿐이다. 봉건제의 제도들은 인위적 제도들이며 부르주아지의 제도들은 자연적 제도들이다. 이 점에서 그들은 두 종류의 종교를 설정하는 신학자들과 같다. 그들의 것이 아닌 모든 종교는 인간의 발명품인 반면 그들 자신의 종교는 신의 발현이다. 현재의 관계들, 즉 부르주아적 생산관계들이 자연적인 것이라고 말함으로써 경제학자들은 이런 관계야말로 부의 생산과 생산력의 발전이 자연법칙에 따라 수행될 수 있도록 하는 관계라는 점을 이해시키려 하는 것이다. 따라서 이 관계들 그 자체는 시대의 영향과는 독립적인 자연법칙들이다. 그것들은 항상 사회를 규제해야 하는 영원한 법칙들이다. 그리하여 지금까지는 역사*가 존재해왔지만, 더 이상은 역사가 존재하지 않는다."

# 마오주의

MAOÏSME

마오주의는 중국 혁명의 최고 지도자인 마오쩌둥(1893~1976)
의 이름으로부터 유래한 용어이다. 마오쩌둥은 1921년 중
국공산당을 만든 창립자 중 한 명이며, 중국 농민의 혁명적
잠재력을 이해했던 최초의 인물들 가운데 하나다. 1927년
부터 그는 장개석이 이끄는 국민당 체제에 반대하는 투쟁을
이끌어나가며, 1937년부터 1945년까지 일본 제국주의에 반
대하는 해방 전쟁을 이끌어나간다. 결국 1949년 인민해방군
이 권력을 잡게 되고, 마오는 소련의 정치 모델에서 영향 받
아 (하지만 소련에서 벌어졌던 스탈린적 숙청을 통한 공포정치는 제
외하고) 생산수단의 국유화와 일당 체제, 그리고 당에 대한 권
위주의적 지도로 특징 지어지는 중화인민공화국을 선언한다.
하지만 흐루쇼프가 스탈린주의를 비판하는 보고서를 공개한
1956년 이후 중국은 소련과 입장을 달리하기 시작한다. 마오
는 몇몇 유보 조건하에서 스탈린의 유산을 옹호한다. 이 시기
이후로 마오주의는 국제 공산주의 운동에서 변별적인 하나의
흐름으로 자리 잡기 시작한다. 1958~1959년 사이의 '대약진

운동'이 실패한 후, 마오는 당내에서 불리한 위치에 처하게 되었으며, 이에 근본적이고 급진적인 이데올로기적 변형의 이름으로 노동자와 청년을 '우익 세력'에 반대하는 '홍위병'으로 동원한, 수많은 희생자를 만들어냈던 1966~1969년의 문화대혁명을 개시한다. 마오의 죽음 이후 그의 지지자들은 제거되었지만, 그럼에도 마오의 이미지만큼은 계속 그 힘을 유지한다. 이와 동시에 덩샤오핑은 자본주의적 영역에 중요한 기능을 다시 부여하는 경제 개혁 과정을 개시한다.

정치적 흐름으로서 마오주의는 상당히 이질적 성격을 띠고 있다. 유럽에서 마오주의는 '마르크스-레닌주의적'인 형태, 그리고 이보다 더 '자생주의적'(인민주의적spontanéiste)인 형태가 존재하며, 1960년대 말에 후자는 프랑스와 이탈리아에서 상당한 영향을 발휘했다가 1970년대를 지나는 동안 소멸했다. 아시아, 아프리카, 남미와 같은 남반부 국가들의 경우, 마오주의자들은 특히 농민 게릴라 운동을 지도하게 된다.

# 모순

CONTRADICTION

마르크스주의 내에서 모순이 차지하는 위치에 대한 논쟁은 세 가지 주제를 출발점으로 삼아 전개되었다. 모순의 이론으로서의 변증법, 자본주의적 생산양식\*의 모순, 계급 적대. 헤겔이 변증법을 자기 고유의 모순들에 대한 지양dépassement으로부터 출발하여 인식savoir의 진리를 연역하는 것으로 정의한 지점에서, 마르크스는 1847년의 저서 《철학의 빈곤》을 통해 모순의 환원 불가능성, 그리고 인식savoir의 모순과 현실의 모순을 구분할 필요성을 강조한다. 마르크스에게서 모순 개념은 특히 두 가지 종류의 분석 내에서 작동한다. 한편으로, 자본주의의 구조적 모순에 대한 연구와 이 모순들이 생산하는 동역학적dynamiques 효과에 대한 이론.(→ **예를 들어 '경향' 항목을 보라**) 다른 한편으로, 계급투쟁\*에 대한 연구(이 계급투쟁은 종종 '갈등'conflit, '충돌'collision 혹은 '적대'antagonisme라는 용어로도 기술되곤 한다).

마르크스주의적 모순 이론의 주요 발전들 중 하나는 마오쩌둥의 1937년 텍스트인 《모순론》이다. 이 텍스트에서 마오는 주요 모순과 부차 모순, 적대적 모순과 비적대적 모순을 구분한다. 루이 알튀세르는 첫 번째 구분, 즉 주요 모순과 부차 모순 사이의 구분을 '과잉결정된 모순'(→ **'과잉결정' 항목을 보라**)이라는 자신의 개념을 통해 재구성한다. 두 번째 구분, 즉 적대적 모순과 비적대적 모순 사이의 구분은 구조적 모순들이 봉기적explosif이고 혁명적인 적대의 형태를 취할 수 있는 조건들이라는 문제를 제기한다.

# 민족

NATION

마르크스와 엥겔스는 1848년 《공산주의자 선언》에서 너무 나도 낙관적이게도 자유무역과 세계시장의 발전이 "민족적 분할"을 철폐할 것이라고 믿었다. 1848년에서 1850년 사이에 엥겔스는 예를 들면 남부 슬라브 족과 같이 국가를 형성하지 않은 몇몇 인민들을 '역사 없는 민족들'로 간주함으로써 위험스러운 헤겔적 경향을 따르게 된다. 물론 이후 마르크스와 엥겔스는 차리즘적 지배에 맞선 폴란드인들의 독립 투쟁을 지지하며, 가장 중요하게는 영국의 지배에 맞선 아일랜드인들의 투쟁으로부터 "다른 이를 억압하는 인민은 자유로울 수 없다"는 교훈을 이끌어낸다. 하지만 여전히 마르크스와 엥겔스에게는 민족 문제에 관한 이론적이고 전략적인 성찰이 부재한다.

민족 문제에 관한 광범위한 마르크스주의적 접근을 처음으로 시도한 이는 1907년 《민족 문제와 사회민주주의》를 출간한 오스트리아의 마르크스주의자 오토 바우어Otto Bauer이다. 바우어는 민족을 "운명 공동체라는 동일한 특징을 공유하는 구성원들로 이루어진 공동체에 연결된 인간들의 집합 ensemble"으로 정의하고 그 역사적이고 역동적인 차원을 강조한다. 오스트리아-헝가리 제국과 같은 다민족 국가들의 경우, 바우어는 단일한 국가적 틀을 유지할 수 있는 해결책으로 인민들의 민족적·문화적 자율성을 제안한다. 차르 제국에서 유대인 노동자 운동이 이러한 자율성을 쟁취하기 위해 채택한 운동 형태가 바로 **분트Bund**이다.

1913년 《민족 문제와 마르크스주의》라는 소책자에서 스탈린은 "언어, 영토, 경제적 삶과 정신적 형성물을 가진 공동체"를 이룬 인민들만을 민족으로 간주하고 이들에게만 분리[독립]의 권리를 인정해야 한다고 주장한다. 반면 레닌은 (민족들에게 자율성을 부여하는 해결책의 지지자였던 로자 룩셈부르크와의 토론 속에서) 1913~1916년 동안 민족 문제에 관해 집필한 여러 텍스트에서 민족들이 스스로를 통치할 수 있는 권리, 그러니까 독립적인 하나의 국가를 이룰 권리를 강조하기 위해 민족에 대한 모든 경직되고 고정된 정의를 거부한다. 레닌은 독립의 권리 없이 어떠한 결합체union도 진정으로 자유로울 수는 없다고 판단한다.

# 반영

REFLET

마르크스의 사상에서 반영이라는 관념이 핵심적인 역할을 수행하는 것 같지는 않다. 물론 마르크스가 (1846년 《독일 이데올로기》에서) 이데올로기\*를 (**카메라 옵스큐라[어두운 방 camera obscura]** 효과와의 유비를 통해) 현실 세계의 전도된 반영 (reflet, 상)으로 정의했으며 또한 (《자본》에서) "관념이란 물질적인 것이 인간의 머릿속에서 전치되고 번역된 것에 불과하다"고 주장하긴 하지만 말이다.

반면 마르크스 자신이 아닌 엥겔스와 레닌을 통해 반영이라는 범주는 인식론의 원리로 정립된다. 사고와 존재 사이의 관계를 철학\*의 역사에서의 근본 문제로 만들면서, 그리고 관념론적 전통과 유물론적 전통 사이의 투쟁을 기술함으로써, 엥겔스와 레닌은 사고를 물질(혹은 사고로부터 독립적인 존재)의 반영으로 제시한다. 반영이라는 관념은 사고가 사고 자체의 물질적 조건에 종속되어 있음을 강조하는 역할과 동시에 현실 과정이 사고 내에서 재생산되는 메커니즘을 기술하는 역할 또한 수행한다.

주체와 대상[물체 혹은 객체] 사이의 매개 작용과 혁명적 **프락시스(→ '실천' 항목을 보라)**의 역할을 재평가하고자 하는 게오르그 루카치와 안토니오 그람시와 같은 저자들은 반영 이론이 기계론적 전제들을 담지한다는 점을 비판한다. 마찬가지로 테오도어 아도르노와 루이 알튀세르와 같은 저자들은 비판의 역량과 사고의 자율성을 과소평가했다는 점에서 반영 이론을 비판한다.

# 반자본주의 [사상과 그 운동]

ANTICAPITALISME

마르크스로부터 반자본주의가 시작된 것은 아니다. 특히 낭만주의처럼, 이미 자본의 권력에 대한 여러 비판이 존재해왔다. 마르크스는 이로부터 많은 영감을 얻었지만 그러면서도 동시에 자본주의 비판에 훨씬 더 체계적인 성격을 부여했다.

자본주의의 비열함에 대한 도덕적 분개는 《자본》의 전 페이지에 걸쳐 터져 나온다. 이 도덕적 분개는 믿기지 않는 수준의 범죄와 학살로 특징 지어지는 자본의 본원적 축적* 기간과 주변부 국가들에 대한 난폭한 정복과 식민화의 세기들뿐만 아니라 이 체계의 '일상적인' 근대적 기능 작용fonctionnement과도 관련된 것이다.

마르크스의 반자본주의는 다음의 다섯 가지 핵심 주제를 중심으로 조직된다. 착취의 부정의(→ '잉여가치' 항목을 보라), 소외*를 통한 자유의 상실, 화폐적 정량화quantification vénale, 비합리성, 근대의 야만. 이 다섯 가지 비판은 모두 서로 연결되어 있다. 이 비판들은 상호적인 방식으로 서로를 통해 공명하며 서로를 전제할 뿐만 아니라 공산주의* 사상가로서 마르크스의 성찰이 지니는 변별적인 특징들 중 하나인 **총체적 반자본주의 세계관**vision anticapitaliste d'ensemble 내에서 결합된다. 마르크스의 비판은 자본에 의해 착취당한 계급들*의 관점에 위치해 있지만, 그럼에도 그의 비판은 모든 가치들을 교환가치라는 단 하나의 가치로 환원하고, 모든 삶의 형태를 상품들*로 환원하는 체계에 대한 거부라는 보편적이고도 인간주의적인* 유효 범위portée를 지니고 있다.

분명 마르크스는 자본주의가 역사의 진보progrès*, 특히 생산력(→ '생산양식' 항목을 보라)의 폭발적 발전을 통해 자유롭고 연대적인solidaire 새로운 사회를 위한 물질적 조건들을 창조하는 역사적 진보의 담지자라는 점을 무시하지 않았다. 하지만 동시에 마르크스는 자본주의가 "각각의 경제적 진보를 공적 재앙[모두의 재앙]으로 만드"는 한(《자본》), 자본주의를 **사회를 퇴보케 하는 힘**으로 간주했다.

21세기 초에는, 마르크스주의 내에서뿐만 아니라 또한 비판적 사유의 여러 다른 형태들 내에서도 자신의 자원을 취한 반자본주의[즉 자본주의 비판]가 특히 프랑스와 유럽의 급진 좌파 가운데에서 공통분모와 집결 신호의 역할을 하고 있다.

# 방법

MÉTHODE

마르크스는 '정치경제학의 방법'과 '변증법적* 방법'을 매개로 하여 방법의 문제에 접근한다.

1857~1858년 《정치경제학 비판 요강》을 집필할 당시, 마르크스는 자신의 정치경제학 비판 앞부분에 역사유물론의 원리와 정치경제학의 방법을 제시하는 서문을 배치하고자 했다. 바로 이러한 맥락에서 마르크스는 '정치경제학의 방법'에 관한 하나의 이론적 전개를 발전시킨다. 여기에서 마르크스는 경험적 현상들에 대한 분석을 통해 추상적 원리들로 거슬러 올라가는 것을 핵심으로 하는 방법이 분명 정치경제학을 이론적으로 전개할 때 그 첫 번째 국면에서 필수적이긴 하지만 이 방법만으로는 과학적으로 충분하지 않다고 설명한다. 바로 그렇기 때문에 정치경제학 비판은 추상적 원리들(→ **'추상' 항목을 보라**)로부터 출발하여 '사고 구체*'의 형태하에서 경험적 현상들을 재구성하는 것을 핵심으로 하는 절차(démarche, 과정 혹은 방식)를 채택한다. 하지만 2년 뒤 1859년 《정치경제학 비판을 위하여》 서문에서 마르크스는 위에서 말한 이러한

서문[1857년 서문]의 기획을 포기한다고 선언한다.

동일한 시기에 헤겔의 《대논리학》을 다시 읽고 이에 강한 영향을 받아, 마르크스는 변증법적 방법을 정치경제학 비판의 핵심적인 부분으로 간주해 헤겔 변증법을 비판하는 텍스트를 집필할 계획을 세우기까지 한다(엥겔스에게 보내는 1858년 1월 14일 편지). 《자본》 후기에서 마르크스는 자신이 "변증법적 방법"을 채택한다는 점을 인정하면서도 동시에 자신에게 "변증법"은 "설명 방법"이지 "연구 방법"이 아니라는 점을 명확히 한다. 그렇다면 변증법적 방법의 핵심은 무엇인가? 바로 이것이 마르크스가 제대로 해명하지 않고 남겨 놓은 부분이다. 이는 아마도 결국 과학적 절차démarche라는 것이 **사전에** 정해진 방법론적 기준들에 종속될 수는 없기 때문인 것으로 보인다.

엥겔스를 필두로 하여 수많은 마르크스주의자들이 마르크스의 변증법적 방법의 본성을 명확히 해명하기 위해 노력했다. 하지만 이와 정반대로 다른 이들은 헤겔에게서 변증법이라는 관념이 방법에 대한 거부와 불가분하다고 간주했다. 이와 동일하게, 마르크스의 사유가 하나의 과학과 하나의 정치적 기획으로 간주되어야 하는지 아니면 단지 역사분석의 하나의 방법으로 간주되어야 하는지에 대한 문제가 마르크스주의에 대한 비판이라는 맥락에서 제기되었다.

# 법

DROIT

마르크스에게서 법이라는 문제는 순차적으로 정치적 소외*
에 대한 비판*, 이데올로기*에 대한 비판 그리고 상품적 상
호 작용의 조건들에 대한 분석(→ **'상품' 항목을 보라**)이라는 틀
내에서 다루어진다.

　1843년 《헤겔 국법론 비판》에서 마르크스는 자신의 정치
비판을 여전히 법 비판보다는 법철학의 관점에서 전개한다.
그 당시 그의 목표는 '국가법'droit étatique이 사법droit privé에 종속
되는 것, 그리고 인민주권이 헌법적 틀과 권력 분리에 의해
제한되는 것에 맞서 싸우는 것이었다. 1844년 《유대인 문제
에 대하여》라는 텍스트에서 법/권리droit에 대한 분석은 정치
적 소외에 대한 비판이라는 틀 내에서 재정식화되며, 근대의
법률 체계는 사적 소유에 기반한 사회질서를 조직하고 정당
화하는 하나의 형태에 불과한 것으로 제시된다.[1] 따라서 《유
대인 문제에 대하여》에서 마르크스가 제시했던 〈인간의 권리

---

1　'droit'에는 '법'과 '권리'라는 의미가 모두 포함되어 있다. - 옮긴이

와 시민의 권리에 대한 선언〉에 대한 비판의 핵심은 이 법/권리들이 사실은 사적 소유에 대한 법/권리로 환원된다는 점을 보여주는 것이다. 그러므로 여기에서 마르크스는 법/권리Droit의 이데올로기적 기능을 강조함으로써 1846년 《독일 이데올로기》에서 그가 앞으로 재정식화하게 될 주제들을 이보다 앞서 소묘하고 있는 것이다. 《자본》에 가서야 마르크스는 법/권리Droit에 대한 유물론적 접근을 통해 이 법/권리의 기능들에 대한 더욱 정확한 기술을 제시할 수 있게 된다. 그래서 이를 통해 법/권리는 상품적 상호 작용의 구성적 벡터들 가운데 하나로, 특수한 주체화의 양식mode de subjectivation spécifique으로, 착취를 은폐하는 하나의 요인으로, 그리고 계급투쟁이 전개되는 규범적normatif 공간으로 제시된다.

마르크스주의는 마르크스의 이러한 논의로부터 특히 강한 반법률주의antijuridisme를 가져온다. 하지만 동시에 러시아 혁명은 법/권리Droit에 대한 마르크스주의적 분석이 발전할 수 있었던 기회이기도 했다. 1918년 이후 소련 법무부 장관이었던 페테리스 스투츠카Peteris Stučka는 사회주의 법의 기능과 본성에 대한 여러 논의들을 발전시킨다. 뒤이어 1924년 자신의 주저 《법의 일반 이론과 마르크스주의》에서 에브게니 파슈카니스Evgeny Pashukanis는 스투카의 경제환원론과 한스 켈젠Hans Kelsen의 법실증주의를 동시에 비판한다.

# 변증법

DIALECTIQUE

마르크스에게서 변증법이라는 관념은 정치경제학 비판*의
방법과 대상 모두를 동시에 지시한다.

《자본》 후기에서 마르크스는 무엇보다도 자신의 '설명
방법'méthode d'exposition은 변증법적인 반면 '연구 방법'méthode
d'investigation은 변증법적이지 않다는 점을 먼저 강조한다. 마
찬가지로 마르크스는 자신의 유물론적 변증법을 헤겔의 관
념론적 변증법에 대립시킨다. "헤겔의 손아귀 안에서 변증
법이 자신의 신비화를 겪게 되긴 하지만, 그럼에도 헤겔은
변증법의 운동이 취하는 일반적 형태들을 포괄적이고 예리
한 방식으로 제시했던 첫 번째 인물이었다. 우리는 이 신비
화의 외피 속에 감추어진 헤겔 변증법의 합리적 핵심을 발
견하기 위해 이를 전도retourner, umstulpen해야 한다."

변증법이라는 관념은 한편으로 생산력의 발전과 생산
의 사회적 관계(→ '생산양식' 항목을 보라) 사이의 모순*의 운동
dynamique을, 다른 한편으로 더욱 일반적으로는 자본주의 사회
의 갈등과 모순을 지시한다. 마르크스가 역사적 운동dynamique

에 대한 이러한 변증법적 개념화가 "현존하는 상태에 대한 실정적 인식 속에 그 부정에 대한 인식 또한 동시에 포함되어 있기 때문에" "비판적이고 혁명적"이라고 강조할 때 《자본》 후기에서 논의되는 변증법이란 바로 이러한 의미의 변증법인 것이다.

마르크스가 변증법에 대한 산발적인 몇 가지 언급만을 남겨 놓았던 반면, 마르크스주의의 다양한 흐름들은 여기에서 그의 사상의 핵심을 보았다. 그 누구보다도 우선 엥겔스는 헤겔로부터 몇 가지의 '변증법적 법칙들'(양질전화, 대립물의 침투와 전도, 부정의 부정으로서 모순의 전개)을 끌어냄으로써, 그리고 이 '변증법적 법칙들'을 물질에 대한 법칙들로 해석함으로써 유물론적 변증법에 대한 하나의 이론을 제시했다. 엥겔스와는 정반대로, 게오르그 루카치는 변증법이라는 관념을 사회적 총체성*에 대한 과학이라는 의미로 이해한다. 일반적으로 마르크스주의는 변증법적 유물론(마르크스주의 철학)과 역사적 유물론(마르크스주의 과학)을 구분함으로써 변증법이라는 관념을 근본적인 이론적 작동 요소opérateur로 만드는 경향을 가지고 있다.

# 보나파르트주의

BONAPARTISME

마르크스에게서 **보나파르트주의**라는 개념은 ('나폴레옹 3세'
라는 젠체하는 이름하에 황제로 즉위하기 이전에) 보통선기를 통
해 인가 받은 쿠데타 이후 나폴레옹 보나파르트[즉 나폴레옹
1세]의 조카 루이[즉 나폴레옹 3세]가 행사했던 권력의 수수
께끼 같은 본성을 이해하기 위한 개념으로 1852년《루이 보
나파르트의 브뤼메르 18일》에서 등장한다. 보나파르트주의
는 군대와 관료제에 기반한, 시민사회로부터 완전히 자율화
된 것처럼 보이는 권위주의적인 개인 권력의 형태를 일컫는
다. "국가는 완전히 독립적인 [실체-옮긴이]가 된 것처럼 보
인다." 보나파르트주의적 수장은 모든 사회 계급들* 위에서
이들을 중재하는 중재자로 스스로를 자리매김하지만, 결국
에는 데마고기를 통해 농민 계층과 특정 도시 빈민층의 지
지를 확보하여 **부르주아 질서**를 유지하는 역할을 수행한다.
부르주아지*가 자신의 지배력을 행사할 수 없는 경우, 이들
은 정치 권력을 보나파르트주의적 지도자에게 위임해주는
데, 이 보나파르트주의적 지도자는 결국 이 정치 권력을 통

해 부르주아지의 기본적인 이해관계를 지키려 한다.

《루이 보나파르트의 브뤼메르 18일》 이후에 마르크스와 엥겔스는 보나파르트주의를 독일의 비스마르크와 같은 다른 역사적 인물들에게로까지 확장한다. 1926년에서 1937년 사이에 집필한 《옥중수고》에서 안토니오 그람시는 이와 유사한 용어인 **황제 정치**Césarisme를 이러한 유형의 '중재력'을 지시하기 위해 활용한다. 또한 그람시는 이 황제 정치의 상대적으로 '진보적인'progressive 형태(나폴레옹 1세)와 '퇴보적인' 형태(나폴레옹 3세)를 구별한다. 1930년대에 트로츠키(→ **'트로츠키' 항목을 보라**)는 예를 들어 멕시코와 같은 라틴아메리카의 몇몇 인민주의 체제를 설명하기 위해 보나파르트주의 혹은 반半보나파르트주의에 대해 언급한다. 마지막으로, 정치학자 니코스 풀란차스Nicos Poulantzas는 마르크스가 '보나파르트주의'로 지시한 바가 지배 계급에 대해 부르주아 국가*가 지니는 자율성이 취하는 더욱 일반적 현상의 [특수한] 변형태일 뿐인 것으로 간주한다.

# 부르주아지

BOURGEOSIE

물론 마르크스와 엥겔스가 '부르주아지'라는 용어를 발명한 것은 아니다. 이 용어는 도시의 유산 계층을 가리키기 위해 몇 세기 전부터 통용되어 오던 용어이다. 하지만 마르크스와 엥겔스는 이 용어를 통해 산업, 상업, 금융에서 생산수단(→ **'자본'** 항목을 보라)과 교환수단을 소유하고 있는 계급을 지시함으로써 이 용어에 훨씬 더 정확한 의미를 부여한다. 이러한 '부르주아지'라는 개념은 1847년에서 1853년 사이에 집필한 마르크스와 엥겔스의 정치적 저술들에서 핵심적인 위치를 차지하지만, 이후 경제적인 저술들에서 이 '부르주아지' 개념은 '자본가'라는 개념으로 점점 대체된다.

1848년《공산주의자 선언》의 유명한 구절들에서, 놀랍게도 마르크스와 엥겔스는 부르주아지를 생산과 사회를 혁명적으로 변화시켰던 계급으로 인정하고 이들에게 경의를 표한다. 물론 부르주아지에 대한 이러한 경의는 부르주아지를 흉포한 억압자와 착취자 계급으로 신랄하게 비판하는 것과 함께하는 것이다. 이 흉포한 억압자와 착취자 계급으로서의 부르주아지는 "인간의 존엄을 교환가치로 환원"시켰으며 인간들 사이에 "노골적인 이해관계와 냉혹한 현금 계산"이라는 관계만을 남겨놓았다.

점점 더 '질서당'에 우호적으로 변해 가는 부르주아지의 정치적 변화와 그 다양한 경제적 분파(즉 산업 부르주아지와 금융 부르주아지)로의 분할 혹은 그 다양한 정치적 분파(즉 오를레앙 파 부르주아지, 공화주의적 부르주아지 혹은 보나파르트주의적 부르주아지)로의 분할은 1848~1850년 혁명 동안 일어났던 프랑스 혹은 독일에서의 계급투쟁에 관한 마르크스의 저술들에서 중요한 위치를 차지한다.

부르주아지의 특정한 몇몇 분파들과의 잠재적 동맹은 (특히 인민전선과 관련하여) 유럽에서뿐만 아니라 소위 '민족 부르주아지'라는 문제와 관련해 남반구 국가들에서도 20세기 마르크스주의자들 사이에서 뜨거운 논쟁의 대상이었다. 지배 계급들 가운데 특정한 몇몇 분파들과 인민 계급들 사이의 동맹이라는 문제는 경영direction과 관리encadrement(→ **'계급' 항목을 보라**)의 역할을 담당하고 있는 임금노동자들[즉 관리자 계급]과의 관계에 대해서도 동일하게 제기될 수 있는 것이다. 이들은 제2차 세계대전 이후의 첫 몇 십 년간 존재했던 [인민 계급들과의] 좌파적인 동맹에서 현재의 신자유주의 하에서 존재하고 있는 자본가 계급과의 우파적인 동맹으로 변화할 수 있는 가능성을 지니고 있다.

# 비판

CRITIQUE

마르크스의 이론적 활동은 다음과 같은 일련의 비판을 중심으로 전개된다. 헤겔 법*철학 비판, 종교* 비판, 정치* 비판, 이데올로기* 비판, 다양한 형태의 사회주의에 대한 비판(→ **'공산주의' 항목을 보라**), 정치경제학 비판. 만일 우리가 이 모든 비판에서 공통적인 특징들을 찾고자 한다면, 아마 우리는 마르크스가 항상 다음과 같은 결합을 시도했다는 점을 강조해야만 할 것이다. a) 담론에 대한 비판과 이 담론의 대상이 되는 현실에 대한 비판 사이의 결합, 그리고 b) 이론적 비판과 이 현실에 대한 실천적* 비판 사이의 결합. 이데올로기 비판이 사회 비판을 목적으로 행해지는 것과 마찬가지로, 동일하게 '비판의 무기'는 '무기의 비판'(혹은 "비판-실천적 활동")과 결합되어야 한다. 정치경제학 비판이라는 관념은 [a와 b라는] 이 두 가지 특징의 예이다. 정치경제학 비판은 고전파 정치경제학*이라는 [이론적] 범주에 대한 비판이면서 동시에 자본주의 경제에 대한 [실천적] 비판이다. 다시 말해, 정치경제학 비판은 자본주의에 대한 과학적 이론화이면서 동시에 자본주의에 대항해 투쟁 중인 프롤레타리아*의 '대변자'Vertrerter이다.

마르크스는 마르크스주의에 심원한 영향을 미쳤던 비판 개념에 강력한 이론적 힘을 부여했다. 비판 개념은 (역사적 변형에 따른) 이론적이고 정치적인 입장에 대한 필연적 정정과 이데올로기 비판이라는 주제들과 핵심적으로 결합되어 있다. 역으로, '무비판적인' 태도는 의문시되지 않은 이데올로기적 허상illusions, 즉 순진함naïveté에 사로잡힌 태도를 의미하거나 정세에 적합한 이론적 분석과 정치적 전략을 정의할 능력이 없는, 다시 말해 도그마에 빠져 있는 태도이다. 이로부터 '자기 비판'의 유효성이 존재하게 된다. (비록 스탈린주의의 시기에 이 '자기 비판'은 [스탈린의 공포정치적] 내적 통제를 위한 도구로 활용되었지만 말이다)

또한 '비판'이라는 용어는 마르크스주의 내의 또 다른 경향을 지시하기 위해서도 활용되어 왔다. 비판적 마르크스주의는 마르크스주의를 하나의 과학, 국가 혹은 당의 하나의 도그마, 하나의 단순한 세계관 혹은 심지어 하나의 단순한 방법*으로 환원하려는 모든 경향에 반대하는 혁명적 실천과 이데올로기 비판에 대한 강조로 특징 지어진다.

# 사고 구체

CONCRET DE PENSÉE

마르크스는 자신의 [연구와 설명의] 방법*에 관해 남긴 유일
하면서도 중요한 원고인 1859년《정치경제학 비판을 위하
여》의 1857년 서문(1857년 요강 서문)[1]에서 경제학자의 연구
를 두 가지 과정으로, 즉 한편으로는 현실에 대한 관찰에서
개념의 생산으로 나아가는 과정, 다른 한편으로는 (현실에 대
한 연구를 위해 결합된) 이 개념들을 현실에 대한 연구를 위해
활용[적용]하는 과정으로 기술한다. 첫 번째 운동은 이론적
생산의 운동이며 두 번째 운동은 구체적 분석의 운동이다.

---

1   마르크스가 1859년 출간한《정치경제학 비판을 위하여》와 관련하여 두
개의 서문이 존재한다. 여기에서 언급된 서문은 마르크스가 1859년 이 책
을 출간할 당시 출간하지 않고 빼 버린, 즉 포기한 서문을 의미한다. 한국
어판《정치경제학 비판을 위하여》(김호균 옮김, 중원문화사, 2017)를 참고
하면 알 수 있듯, 대부분의《정치경제학 비판을 위하여》에는 마르크스가
빼 버린 서문 또한 부록으로 실려 있다. '서설'과 '서문'이라는 용어로 구분
하기도 하지만, 너무 혼동의 여지가 많기 때문에 마르크스가 1859년 출간
당시 실은 서문은 1859년《정치경제학 비판을 위하여》서문으로, 마르크스
가 1859년 출간 당시 빼 버린 서문은 (1857~1858년 원고, 즉《정치경제학
비판 요강》의 서문이기도 하므로) '1857년 요강 서문'으로 옮긴다. - 옮긴이

마르크스는 이전의 경제학 연구들이 생산과 연관된 기술적descriptives 조건들, 예를 들어 인구와 [숙련 노동자이든 비숙련 노동자이든 이들의] 전문 지식savoir-faire, 그리고 자연 자원 등등에 대한 검토로부터 출발한다고 주장한다. 마르크스의 주장을 따른다면, 이러한 방식으로 자신의 논의를 전개하는 경제학자는 이러한 논의 전개 이후 개념을 형성하는 데에 이르게 된다. 예를 들면 이 경제학자는 인구에서 계급 개념으로 나아가게 되며 부란 무엇인지, 그러니까 상품*은 무엇이고 화폐*는 무엇인지 (…) 결국 가치, 자본* 등등은 무엇인지에 대해 질문하게 된다. 이러한 과정을 ('무엇 무엇 바깥으로 끄집어낸다'tirer hors de는 어원적 의미에서) '추상'*이라고 부른다. 왜냐하면 이 과정은, 이 과정 속에 관여된 개념(현실에 대한 개념)이 이 개념 홀로는 설명할 수 없는 현실의 측면들 전체를 한편으로 치워둠으로써, 이를 추상[생략]하기 때문이다. 이러한 이론적 생산 작업을 수행해야 만이, 이 작업을 수행하기 이전과는 다르게 이 경제학자는 적합한 도구들(경제학자는 이 적합한 도구들의 설명적 가치를 활용한다)을 갖추고 현실에 대한 연구로 되돌아올 수 있다. 결국 이 모든 것 이후에 이 경제학자는 마르크스가 사고 내에서 구체적인 것의 재구성이라고 부르는 바, 다시 말해 '사고 구체'라는 구체적 분석에 도달하게 된다.

그러므로 마르크스는 이 경제학자가 활용하는 가장 발전

된 경제학 연구들이 기술적descriptives 데이터들이 아니라 근본적 개념들로부터 출발한다는 점을 지적한다. 마르크스 또한 이러한 방식으로 자신의 연구를 진행시켜 나간다. 마르크스는 자신의 주요 경제학 저서인《자본》에서 상품에 대한 연구에서 시작하여 화폐로, 그리고 저작의 중심 대상인 자본으로 나아간다. 마르크스는 이러한 과정을 매우 명확히 이해하고 있었으며 매우 엄밀한 방식으로 이러한 추상[화 작업]을 실천했다. 종종 그는 [현실에서 존재하고 있다고 할지라도] 자신이 논의에 도입하지 않은 것[즉 추상한 것]은 자신에게는[자신의 이론 내에서는] 존재하지 않는 것이라고 말하곤 했다. 하지만 마르크스는 자신이 취하는 이러한 방식에 대해 주의해야 한다는 사실을 독자들에게 거의 말해주지 않았다. 이것이《자본》독해를 복잡하게 만들며, [《자본》의 이론적 논의를 정확하게 이해하기 위해서] 우리가《자본》의 개별적인 이론적 전개들로 들어가기 전에《자본》의 이론적 전개 전체에 대한 관점을 미리 취해야만 하도록 만든다.

# 사물화

RÉIFICATION

1857~1858년 《정치경제학 비판 요강》과 《자본》에서 마르크스는 자본주의가 노동을 하나의 사물로 변형시키는 경향 혹은 노동을 하나의 사물처럼 나타나도록 만드는 경향을 가지고 있다는 관념에 준거한다. 바로 이 과정은 '사물화' réification, Verdinglichung/Versachlichung라는 용어로 표현된다.

산발적으로 흩어져 있는 사물화에 관한 마르크스의 언급들을 하나의 진정한 사물화 이론으로 변형한 이는 1923년 《역사와 계급의식》을 펴낸 게오르그 루카치이다. 마르크스가 가치에 관한 허구적(faussées, 왜곡된) 표상들을 사물들 사이의 관계라는 관점에서 분석했던 반면(→ '물신숭배' 항목을 보라), 루카치는 어떻게 자본주의가 자기 자신, 타자 그리고 세계와의 사물화된 관계를 생산해내는지를 보여주려고 시도한다. 이를 통해 '사물화'라는 용어는 사회의 원자화, 시장에 의한 획일화, 자기 자신과 타인 그리고 자연에 대한 도구적 관계, 과학적 객관화/대상화의 기준으로의 세계의 종속과 같은 다수의 반자본주의적 주제들에 대한 마르크스주의적 자본주의 비판에 원동력을 부여해주게 된다.

사물화라는 개념은 상당히 많은 후예들을 산출하게 된다. 뤼시앵 골드만Lucien Goldmann은 사물화라는 개념을 마르크스주의 철학*의 핵심으로 정립했으며, 조셉 가벨Joseph Gabel은 사물화 개념에 정신병리학적인 의미를 부여했고, 테오도어 아도르노는 사물화 개념을 훼손된 삶과 부정적 사회 경험의 현상학의 핵심 개념들 중 하나로 정립했다.

# 사회 계급

CLASSES SOCIALES

물론 사회 계급이라는 개념을 만든 이는 마르크스가 아니다. 우리는 이 개념을 고전파 경제학자들, 역사학자들 그리고 유토피아 사회주의자들에게서 발견할 수 있다. 게다가 마르크스는 사회 계급이라는 용어에 정확한 정의를 부여하지도 않았다. 계급이라는 문제에 할애된 《자본》 3권의 마지막 장은 미완성인 채로 남아 있다. 하지만 사회 계급을 생산의 사회적 관계rapports sociaux de production와 연결하는, 사회 계급에 관한 고유한 마르크스적인 접근 방식이 존재한다. 지배 계급은 생산수단을 소유하는 계급이라는 접근 방식이 그것인데, 여기에서 이 생산수단을 소유하는 계급은 [직접]생산자 계급이 생산한 잉여surplus를 매번[즉 각 생산양식마다] 특수한 방식으로 전유한다. 생산수단을 소유하는 계급과 [직접]생산자 계급이라는 주요한 두 극 사이에서 모든 범위의 중간적 사회 상황들[쉽게 말해, 중간 계급들]이 위치한다.

1848년 《공산주의자 선언》에서 마르크스가 특히 두 사회 계급, 즉 (엄밀하게 경제학적이지는 않은 정의에 따라) 억압하는 자와 억압받는 자에 관해 언급하는 반면(이 억압하는 자와 억압받는 자의 근대적 표현은 바로 부르주아지*와 프롤레타리아*이다), 1848년에서 1852년 사이에 집필한 정치적 저술들, 즉 《프랑스에서의 계급투쟁》(1848~1850)과 특히 《루이 보나파르트의 브뤼메르 18일》(1852)에서 우리는 계급에 관한 훨씬 더 풍부한 구체적 분석을 발견할 수 있다. 이 구체적 분석에서 다루는 바는 (근대 사회의 두 개의 커다란 계급들뿐만 아니라) 금융 부르주아지와 산업 부르주아지, 그리고 합법주의자, 오를레앙 파, 보나파르트주의자, 공화파와 같은 모든 범위의 정치적 입장들까지도 포함하는 다양한 경제적 분파들, 그리고 (그 중요성이 결코 다른 계급들보다 적지 않은) 농민 계급*, 프티부르주아지, 룸펜프롤레타리아(→ '프롤레타리아' 항목을 보라), 귀족 계급 등등의 다양한 계급들이다.

1919년 〈위대한 시작La grande initiative〉이라는 유명한 텍스트에서 레닌은 사회 계급이라는 용어에 마르크스주의적 개념으로서의 정확한 정의를 부여하려고 시도한다. "우리는 (역사적인 방식으로) 사회적 생산으로 정의된 체계 내에서 인간들이 차지하고 있는 위치place에 의해, 이 인간들이 생산수단과 맺는 관계(이 관계는 대부분의 경우 법칙에 따라 형성되고 고정된다)에 의해, 노동의 사회적 조직화 내에서 이 인간들이 행하는 역할에 의해, 결국 이 인간들이 가지고 있는 사회적 부의 몫의 크기와 그 취득 양식에 의해 구별되는 이 광범

위한 인간들의 집단들을 '계급'이라고 부른다. 계급은 규정된 구조, 즉 사회와 경제 내에서 차지하는 서로 다른 위치로 인해 한 인간 집단이 다른 인간 집단의 노동을 전유하는 그러한 인간 집단들을 의미한다."

# 사회화

SOCIALISATION

1848년 《공산주의자 선언》과 저작 전반에서 마르크스는 자본주의적 생산양식*의 역사적으로 제한적인 특징(다시 말해 그 지양의 필연성)이 바로 자본주의적 생산양식이 지니는 그 모순*, 그리고 위기*와 투쟁* 사이의 결합 효과 때문이라고 지적한다. 하지만 자본주의 자신의 뒤를 이을 사회[공산주의]에 대한 **예비** 단계로 자기 스스로가 등장하게 되는 그러한 또 다른 유형의 발전들이 존재한다. [쉽게 말해, 자본주의 자신이 공산주의의 도래를 가능케 하는 사회화를 예비한다.] 자본주의는 생산 단위들의 규모를 증가시키고(→ **'집적'** 항목을 보라), 기술 진보를 추동하며, 지식을 인구 대다수에게 전파하고, 국가적이고 국제적인 차원 등등으로 시장을 팽창시킴으로써 조정 과정을 확립한다. 생산은 더 이상 독립적인 소생산자들의 활동들이 병치된 결과로 해석될 수 없으며 대신 거대한 하나의 네트워크로 해석된다. 생산은 점점 더 집합적 특징, 그리고 (마르크스가 '사회의'라는 수식어의 의미로 활용하는 단어로) '사회적' 특징을 지니게 된다. 그래서 우리는 이러한 발전된 자본주의의 속성을 지시하기 위해 마르크스가 활용하는 용어 '사회화'가 그 자신의 펜 아래에서 반복적인 방식으로 등장한다는 사실을 확인하게 된다. 자본주의적 생산양식은 이러한 생산의 사회화의 벡터이다.

# 산업자본과 상업자본

CAPITAL INDUSTRIEL ET COMMERCIAL

《자본》 2권에서 행한 자본의 유통circulation*에 관한 연구를
통해 마르크스는 자본의 순환circuit이 세 가지 서로 다른 형
태*로 구성된다고 주장하게 된다. 이 순환의 전형적인 모습
은 다음과 같다.

$$A - M \cdots P \cdots M - A$$

여기에서 A는 화폐argent, M은 상품marchandise, P는 생산자본
capital productif이다.

자본의 여러 범주들 중 특수한 하나의 범주, 즉 **산업자본**
만이 생산자본의 형태인 P를 포함한 이러한 순환을 통과한
다. 여기에서 우리는 '특수한 범주'라는 표현을 통해 경제의
한 부문secteur, 즉 [그 부문 내의] 기업들 전체ensemble를 의미한
다. 이 기업들은 재화 혹은 서비스 생산의 장소라는 공통점
을 지니고 있다. 이 기업들은 생산적 노동자(→ **'노동'** 항목을 보
라)의 노동력을 구매한다. 그러므로 이 기업들은 잉여가치*

가 창조되는 유일한 장소이다.

　이러한 규칙이 적용되지 않는 자본의 첫 번째 범주는 상품 교역 자본capital du commerce des marchandises 혹은 다르게 말해 '상업자본'capital marchand이다.[1] '상업자본'에 속하는 기업들에서는, 엄밀한 의미의 생산, 그러니까 가치의 생산이 존재하지 않는다.(→ **'상품' 항목을 보라**) 이러한 순환에서 P라는 형태는 사라진다.

$$A - M - A.$$

이 순환에서 상품들은 다시 판매하기 위해 구매된 것이다. 여기에서 상품들은 구매했을 때보다 더 높은 가격으로 다시 판매되기 때문에 그 가격이 변화하는데, 그러나 이 상품들의 가치가 변화하는 것은 아니다. 이 순환에서는 유통*의 비용들 중 하나로 임금*이 지불되지만 이는 [생산적 노동자가 아니라] 비생산적 노동자의 노동에 대한 보상으로서의 임금이다. 상업자본은 잉여가치를 창조하지 않기 때문에, 이 자본이 실현하는 이윤과 비생산적 노동자에 대한 보상은 사실은 전체 경제의 (산업자본으로부터 만들어진) 잉여가치의 한 부분이 취하는 형태들이다. 이 상업자본은 이윤의 형태로

---

1 'capital marchand'과 'capital commercial' 모두 구분 없이 '상업자본'으로 번역했다. - 옮긴이

산업자본으로 되돌아오게 되는데, 이때의 이윤은 이윤율의 균등화라는 메커니즘(→ '경쟁' 항목을 보라)에 따라 잉여가치 전체 크기에 비례하는 크기를 가지게 된다.

'화폐 취급 자본'capital du commerce de l'argent이라고 불리는, 상업자본의 두 번째 변형태가 존재한다. 이 두 번째 변형태의 작동과 기능은 모두 자본의 화폐 형태인 A 내에서 이루어진다. 이는 은행의 계좌 관리, 저축 기능, 국가적이고 국제적인 차원에서의 지불 기능(그러므로 외환 거래 기능)과 관련된 것이다. 바로 은행이 이러한 작동과 기능을 전문화하여 담당한다. 그러므로 화폐 거래는 은행자본의 기능들 중 하나이며, '은행자본' 항목에서 볼 수 있듯이 이에 더해 두 번째 기능 또한 존재한다. 상품 거래[즉 위에서 살펴본 상업자본]의 경우와 마찬가지로, 화폐 거래에 관여된 자본은 산업자본이 독점한 잉여가치 형태인 이윤의 일부를 분배 받음으로써 자신의 기능에 대한 보상을 받는다.

# 상품과 가치

MARCHANDISE ET VALEUR

마르크스는 상품을 이중적으로, 즉 사용가치와 교환가치로 분석한다. 이 점에서 마르크스는 영국 고전파 경제학자들*의 논의를 따르고 있다. 이는 경제학자가 '상품'을 지시할 때, 그가 이 대상에 두 가지 속성을 부여한다는 점을 의미한다. 한편으로, 상품은 이 상품을 획득하고 싶어 하는 행위자들이 욕망하는 것이라는 사실(선한 것이든 아니든, 유익한 것이든 해로운 것이든, 이 욕망의 본성과는 독립적으로 말이다), 다른한편으로 상품이 시장에서 사회적 노동(즉 사회 전체)의 일부로 인정될 수 있다는 사실. 마르크스는 사용가치와 교환가치라는 이 용어들을 활용하면서도, 이 각각에 대응하는 더욱 엄밀한 용어는 '유용성을 지닌 대상'과 '가치'라는 점을 지시한다.

　노동의 생산물이 상품이 된다는 사실은 이 생산물이 교환을 위해 시장에 제시될 목적으로 제작된다는 점을 전제한다. 이는 사회적 실천 전체의 결과이다. 생산물의 상품으로의 변형이 완전히 일반화되는 것은 자본주의적 생산양식 내에서만 실현 가능하다.

유용성에 대한 연구, 다시 말해 대상을 욕망할 만한 것으로 만드는 이 대상의 속성에 대한 분석은 정치경제학의 영역 바깥의 것이다. 반면, 이 대상의 가치에 대한 연구는 정치경제학의 중심 주제이다. 마르크스의 가치 이론, 소위 '노동가치론'에 따르면, 가치는 사회적 노동의 한 부분의 결정화[결정체]로서 상품에 부여되며, 가치를 창조할 수 있는 힘은 이 노동에만 고유한 것이다. 시장에서 노동이 인정될 때, 이 노동의 구체적 특징들, 예를 들어 대장장이의 노동이 가지는 특징들 혹은 석공의 노동이 가지는 특징들은 추상[생략]된다.(→ '노동' 항목을 보라)

마르크스는 상품 생산에 필수적인 노동으로 가치를 정의하는 것을 '가치 법칙'이라고 부른다. 그러나 이 법칙은 상품이 자신의 가치에 비례하는 가격으로 교환된다는 점을 규정하지는 않는다. 상품이 자신의 가치에 비례하는 가격으로 교환된다는 속성은 상품 '교환 법칙', 즉 노동 생산물이 상품이긴 하지만 자본주의적 생산관계가 지배하지는 않는 어떤 경제 내에서 이루어지는 교환을 지배하는 법칙을 지시한다. 자본주의 경제에서는 마르크스가 '생산가격'(→ '경쟁' 항목을 보라)이라고 부르는 바에 비례하는 가격에 따른 또 다른 교환 법칙[즉 자본주의적 상품 교환 법칙]이 지배한다. 가치와 가격 사이의 양적 관계가 어떠하든, 가격은 가치의 형태*이며, 노동가치론은 (상품이 가치에 비례하는 가격으로 교환되지 않는다고 할지라도) 자본주의 내에서 행해지는 착취(→ '잉여가치' 항목을 보라)에 대한 분석의 핵심이다.

마르크스는 서비스[용역]를 다루지 않거나 다루더라도 아주 부차적으로만 다루는데, 이 서비스의 활용은 서비스 이용에 따른 비용prestation을 초래한다. 하지만 서비스가 [재화와는 달리] 축적되지 않는다는 점을 제외한다면, 서비스의 문제는 근본적인 분석에 아무런 변화도 일으키지 않는다.

# 상품 물신숭배

FÉTICHISME DE LA MARCHANDISE

《자본》1권 1편 1장 4절인 '상품\*의 물신적 성격과 그 비밀'
이 제시하는 '물신숭배' 개념은 가치의 현상 형태\*에 결부된
허상illusion을 지시한다.

사회적 필요 노동량의 표현으로서의 가치가 인간의 사회
적 활동에 그 기원을 두고 있는 것과 달리, 가치의 현상 형
태로서의 교환가치는 가치를 상품이 '본성적으로' 소유하고
있는 특성qualité으로 제시하고자 한다. 인간 노동의 사회적
성격이 교환관계를 결정하는 것임에도 불구하고, 이와 반대
로 상품의 생산자는 자신이 이 관계 내에 종속되었다는 이유
때문에 자신의 노동이 그 사회적 특징을 획득하는 것이라고
생각하게 된다. 물신숭배 개념이 기술하는 것이 바로 이 이중
의 전도이다. 교환 속에서 "인간 자신에 의해 결정된 사회적
관계는 사물들 사이의 관계의 환상적fantasmagorique인 형태를
취하게 된다."

신적 물신과 마찬가지로, 상품은 자신의 관계, 그리고 자
연 세계와 인간 세계 전체를 지배하는 비물질적 원리(즉 상

품이 지니는 유용한 물질적 속성과는 구별되는 교환가치)를 본성적으로 소유하고 있는 것으로 나타난다. 가치의 현상 형태에 기입되어 있는 이러한 '신비화'를 분석함으로써, 마르크스는 경제적 행위자들 간의 상호 작용을 지배하는, 그리고 마찬가지로 정치경제학 담론 속에서 재생산되는 허상을 기술한다. 또한 마르크스는 이 허상이 자본주의 생산양식에 고유한, 그리고 공산주의* 사회에서는 사라질 불투명성[어둠 혹은 수수께끼]의 형태를 정의한다는 점을 보여주고자 노력한다.

이 절에서 마르크스가 제시하는 물신숭배 분석은 상당히 많은 자신의 후예들을 만들어내게 된다. 게오르그 루카치에게서 물신숭배 분석은 사물화réification*의 철학이라는 형태로, 다시 말해 살아 있는 노동뿐만 아니라 이를 넘어 사회 세계와 자연 세계의 요소들 전체를 사물로 변형하는 사회적 과정에 관한 이론이라는 형태로 발전된다. 발터 벤야민에게서 물신숭배 분석은 자본주의가 사회적 상상계를 포획하는 일련의 **상품적 환상들**fantasmagories marchandes을 생산하는 방식에 대한 연구라는 틀 안에서 진행된다. 또한 벤야민은 유토피아적 열망에 따라 이 상품적 환상들을 지양하려고 이를 연구한다.

# 생산

PRODUCTION

1844년 《경제학-철학 수고》에서 마르크스는 다음과 같은 정식을 따라 생산이라는 범주를 자연주의적* 인간학[인류학]의 핵심으로 만들었다. "인간은 인간을 생산하며, 인간은 스스로를 생산하고 다른 인간을 생산한다." 인간의 생산적 활동이 자연*의 생산성의 성취인 것과 마찬가지로, "우리가 보편적 역사*[보편사]라 부르는 바는 인간 노동에 의한 인간의 생산, 다시 말해 인간을 위한 자연의 생성과 다른 것이 전혀 아니다."

1846년 《독일 이데올로기》에서부터 시작해서, 생산에 대한 우위는 마르크스에게서 그 인간학적 의미를 지니지 않게 된다. 1857~1858년 《정치경제학 비판 요강》에서, 마르크스는 "일반적"으로 간주된 의미의 생산이라는 것은 "사회체"의 행위로서의 "노동과정*"이라고 주장한다. 그리고 마르크스는 생산과정이 항상 생산력 발전의 수준에 의해, 그리고 규정된 생산양식에 고유한 사회적 관계에 의해 결정된다는 점에서 "생산 일반이란 하나의 추상"이라고 명확히 지적한다.

생산의 우위는 마르크스에게서 서로 다른 기능들을 수행한다. 생산의 우위는 각 사회구성체(→ **'생산양식'** 항목을 보라)의 중심에 존재하는 생산력과 생산관계 사이의 변증법*이 행하는 결정적 역할을 해명해준다. 생산의 우위는 다음과 같은 비판적* 기능을 또한 수행한다. "가진 자들에게 생산이 지니는 의미는 가지지 못한 자들에게 생산이 지니는 의미 속에서 완연히 나타나게 된다. 위에 있는 자들이 지니는 생산의 의미는 항상 미묘하고 위장되어 있으며 모호한 방식으로 표현된다. 다시 말해 생산은 위에 있는 자들에게 외양apparence인 것이다. 아래에 있는 자들에게, 생산은 거칠고 직접적이며 진지한 방식으로 표현된다. 다시 말해 생산은 아래에 있는 자들에게 본질essence인 것이다."

마르크스가 제시한 생산의 유물론*의 독창성을 옹호해야 할 것인지 아니면 정반대로 생산의 유물론이 사회적 삶을 생산이라는 단 하나의 논리로 환원했다는 점을 비판하고 상호작용의 교통적communicationnelle 차원(→ **'인간들 사이의 교류'** 항목을 보라)과 **프락시스**(→ **'실천'** 항목을 보라)의 상대적 자율성에 대해 마르크스가 과소평가한 점을 정정해야 하는지에 대해서 마르크스주의 철학자들 사이에서 논쟁이 전개된 바 있다.

# 생산양식

MODE DE PRODUCTION

자신의 정치경제학 연구를 심화하기도 전에 이미, 마르크스는 그가 '생산양식'이라고 불렀던 거대한 시기 구분에 기초해 인간 사회의 역사에 대한 자신의 해석을 발전시켰다. 전형적 생산양식들의 목록은 다음과 같다. "아시아적, 고대적, 봉건적 그리고 근대 부르주아적" 생산양식들. 부르주아 생산양식은 자본주의적 생산양식과 동일한 것이다. 이 양식들 각각에 하나의 계급* 구조가 결합된다. 단순화해서 말하자면, 우리는 하나의 지배 계급과 하나의 피지배 계급을 대립시킬 수 있다. 위의 목록의 순서에 따르자면, 각 생산양식에서 지배 계급은 아시아적 전제 군주와 이를 둘러싸고 있는 권력자 계급(사제와 가신), 노예주, 영주 그리고 부르주아이다. 각 생산양식에서의 피지배 계급은 권력자들의 통제를 받는 농민, 노예, 농노 그리고 프롤레타리아이다. 지배 계급들은 '착취'(→ '잉여가치' 항목을 보라)라는 표현으로 지시되는 과정에 따라 피지배 계급들의 노동*의 일부분(즉 잉여노동) 혹은 이 노동의 생산물을 전유한다. 지배 계급과 피지배 계급 사이의 이러한 기본적인 관계는 상인 계급과 장인 계급 혹은 임금 생활자salarié 계급[이해를 돕기 위해 조금 부정확하게 표현하면 '중간 계급']의 존재로 인해 항상 복잡해진다. 이들과 지배 계급 사이의 관계는 피지배 계급과 지배 계급 사이의 관계보다 훨씬 더 복잡하다.

'생산양식'이라는 표현은 인류사의 다양한 시기들을 각 시기의 특수한 특징에 따라 지시한다. '사회구성체'라는 표현 또한 이질성들로 특징 지어지는, 특히 다양한 생산양식들 사이의 이행 형태들로 특징 지어지는 구체적 단계들을 지시할 때 종종 사용된다.

자신의 경제학 저술, 특히 《자본》에서, 마르크스는 자본주의적 생산양식의 계급적 본성을 해명하고자 한다. 이 계급적 본성은 자본주의적 생산양식 그 자체를 이전의 양식들과의 연속성 속에서 위치 지을 수 있도록 해준다. 잉여노동의 전유는 잉여가치라는 형태를 취한다. 마르크스는 자본주의적 생산양식의 모순들*(특히 그 위기들*)과 프롤레타리아* 계급의 혁명적 계급으로의 변형([역설적이게도] 자본주의 자체가 이 변형을 가능케 하는 행위자이다)이 부르주아적* 지배의 전복과 계급 없는 사회의 건설을 가능케 할 것이라고 생각한다. 마르크스의 용어를 따르자면, 이러한 변형은 '인류의 전사préhistoire'를 종결짓고 새로운 '사회주의적' 시대를 열 것이며, 이후 인간에 의한 인간의 착취가 그 종언을 고하는 '공산주의적*' 시대를 도래케 할 것이다.

마르크스에게서 이 역사적 운동은 그가 생산력과 생산관계로 지시하는 두 개의 거대한 과정들의 발전과 관계된 것으로 해석된다. 생산력은 생산할 수 있는 능력을 결정하는 요소들, 즉 자연 자원, 기술 그리고 조직(기업 조직뿐만 아니라 기업들의 분업의 조직화까지도 포함하여)을 결합한 것이다. 생산관계는 자본가의 경우 생산수단의 소유, 프롤레타리아의 경우 생산수단을 소유하지 못함(그렇기 때문에 이들은 생존을 위해서는 반드시 자본가에게 판매해야만 하는 그들의 노동력밖에 소유하고 있지 못하다)(→ **'잉여가치' 항목을 보라**)과 같이, 계급들 각각에 그 사회적 위치를 부여해주는 인간들 사이의 관계를 지시한다.

마르크스는 이러한 역사 해석에 관한 체계적 저술을 남기지는 않았다. 우리는 자신의 지적 여정을 요약하는 텍스트인 1859년 《정치경제학 비판을 위하여》 서문에서 마르크스가 자신의 역사 해석에 대해서 간단하게 설명하는 것을 발견할 수 있다.

# 생태사회주의

ÉCOSOCIALISME

생태사회주의는 마누엘 사크리스탄Manuel Sacristan과 앙드레 고르André Gorz와 같은 선구자들의 작업과 이를 확장한 이들의 작업 덕분에 특히 지난 30여 년간 빠르게 발전했다.

이 흐름은 정치적으로 동질적인 하나의 흐름은 아니지만 이 흐름의 대표자들 대부분은 몇 가지 공통 주제를 공유한다. 자본주의적 형태이든 (구소련에서와 같은) 관료제적 형태이든, 생산력주의를 비판하고 생산양식과 자연 파괴적 소비의 무한한 확장에 반대하면서, 생태사회주의는 마르크스주의적 사회주의의 근본 관념들을 생태학적 비판이 이룬 성과들과 결합하려는 독창적 시도를 대표한다.

제임스 오코너James O'Connor는 사회적 필요에 따른, 그리고 환경보전이 요구하는 바에 따른 생산을 조직함으로써 교환가치를 사용가치(→ '상품' 항목을 보라)에 종속시키고자 하는 이론과 운동을 생태사회주의적인 것으로 정의한다. 이러한 이론과 운동의 목표로서의 생태사회주의란 민주주의적 통제/관리contrôle, 사회적 평등 그리고 사용가치의 우위에 기초한 생태학적으로 합리적인 사회이다(*Natural Causes. Essays in Ecological Marxism*, 1998).

자본주의에 대한 마르크스주의적 비판을 수용하면서도, 많은 생태사회주의자들은 생산력의 무제한적 발전이라는 마르크스의 테제에 의문을 제기하고 재생 가능한 에너지에 기초한 근본적으로 새로운 기술 구조의 필요성(몇몇 이들은 이를 '태양열 공산주의'communisme solaire라고 부른다)을 강조한다. 2001년 출간된 《국제 생태사회주의 선언Manifeste écosocialiste international》 이후, 2007년 파리에 국제 생태사회주의 네트워크가 창설되었다.

# 서구 마르크스주의

MARXISME OCCIDENTAL

서구 마르크스주의라는 표현은 ('동양적인') 소비에트 마르크스주의의 정통 교리orthodoxie에 반대하는 서구 유럽의 몇몇 마르크스주의자들, 특히 게오르그 루카치, 카를 코르쉬, 안토니오 그람시, 에른스트 블로흐 그리고 프랑크푸르트 학파를 지시한다. 모리스 메를로퐁티는 자신의 1955년 저서 《변증법의 모험》에서 이 개념을 처음으로 활용했지만, 이 표현을 통해서 그는 루카치의 1923년 저서 《역사와 계급의식》만을 지시했다. 서구 마르크스주의를 설명하려는 가장 체계적인 시도는 페리 앤더슨Perry Anderson의 1976년 저서 《서구 마르크스주의 읽기》이다. 지리적이면서 동시에 세대적인 기준에 따른 구분을 취하는 앤더슨의 관점에서 이 서구 마르크스주의라는 흐름에는 위에서 언급된 저자들뿐만 아니라 앙리 르페브르Henri Lefebvre, 뤼시앵 골드만, 장 폴 사르트르 그리고 루이 알튀세르까지도 포함된다. 이 저자들 각각의 차이에도 불구하고, 이 사상가들은 몇 가지 공통적 특징을 공유한다. 경제와 정치*에 대한 관심에서 철학*에 대한 관심으로의 이동, 이론과 실천 사이의 구분, 역사에 대한 비관적 개념화, 문화에 대한 섬세하면서도 혁신적인 분석. 전체적으로 보면 서구 마르크스주의는 패배 시기에 형성된 지적 전통이며, 그렇기 때문에 그 반자본주의적 지향성에도 불구하고 대중으로부터, 그리고 사회주의를 위한 정치 투쟁으로부터 괴리되었다.(→ '공산주의' 항목을 보라)

하지만 앤더슨 또한 스스로 인정하듯 이는 1945년 이후 시기에만 적용되는 것이다. 1917년 러시아 혁명 이후 시기에서 우리는 루카치, 코르쉬 그리고 특히 그람시와 같이 당시의 노동자 운동과 거대한 혁명적 봉기와 직접적으로 결합했던 사상가들을 발견할 수 있다. 이러한 사실은 이토록 다양한 저자들 전체에게서 공통의 지반을 찾아내려는 모든 시도들이 지니는 한계를 보여준다. 하지만 '서구 마르크스주의자들', 즉 루카치, 코르쉬, 블로흐 그리고 그람시 사이에 이론적, 정치적 그리고 철학적인 친화성이 존재한다는 점을 부정하기는 힘들며, 이들의 영향력은 프랑크푸르트 학파를 넘어 오늘날에까지 이르고 있다.

# 소외

ALIÉNATION

소외(독일어로 Entfremdung 혹은 Entausserung) 개념은 철학적 측면에서 마르크스주의를 유명하게 만들어주었던 개념들 가운데 하나이다. 처음으로 이 개념에 진정한 중심적 역할을 부여했던 이는 바로 마르크스이다. 즉 우리들 대부분이 이러한 소외 개념을 발명한 이들이라고 간주하는 헤겔과 루트비히 포이어바흐의 텍스트들에서 이 개념은 거의 등장하지 않는다. 마르크스에게 소외라는 개념은 a) **분리**(인간이 자신의 본성으로부터 분리되는 것, 노동자가 자신의 생산물로부터 분리되는 것), b) **전도**(인간과 신 사이의 관계의 전도, 사회적 삶과 정치적 삶 사이의 전도, 인간적 활동과 경제적 관계 사이의 전도), c) 대상[1]에 의한 주체의 **억압**(인간이 종교적 표상에 종속되는 것, 국가가 사회적 삶을 지배하는 것, 자본이 노동자들

---

1 '대상'은 'objet'를 옮긴 것으로, 프랑스어나 영어에서는 하나의 단어로밖에 표현되지 않지만 한국어로는 대상, 객체, 객관, 물체 등으로 다양하게 번역 가능하다. 독자들이 'objet'라는 단어 내에 이 다양한 의미가 모두 포함되어 있음을 인지하기 바란다. - 옮긴이

을 억압하는 것)이라는 세 가지 의미를 지닌다. 이 서로 다른 요소들은 그 요소들의 서로 다른 원천들에 준거하고 있다. 포이어바흐로부터, 마르크스는 인간 고유의 '유적 존재'être générique에 대한 박탈dépossession으로서의, 그리고 인간이 자기 자신으로부터 멀어지는 것/낯설어지는 것devenir étranger으로 서의 종교적 소외라는 개념화를 취한다. 브루노 바우어Bruno Bauer로부터, 마르크스는 인간 자신의 생산물(즉 신)에 의해 [오히려] 인간이 억압당하는 것으로서의 소외라는 개념화를 취한다. 모제스 헤스Moses Hess로부터, 마르크스는 수단과 목적 간의 관계의 전도로서, 화폐argent 내에서의 소외라는 개념화를 취한다.

특히 이 소외라는 개념은 청년기 마르크스가 활용한 것이다. 1843년 《헤겔 국법론 비판》, 1844년 봄 〈독불연보〉, 〈1844년 원고〉[2]에서 이 소외라는 개념은 서로 다른 비판들, 즉 철학* 비판, 종교* 비판, 정치* 비판, 노동* 비판으로 서로서로를 발전시키고 결합할 수 있게 해주는 개념이다. 마르크스는 종교를 인간들이 자기 스스로를 박탈하고 자기 스스로에게 비인간적 종속soumission을 강제함과 동시에 인간

---

2　이 원고는 다양한 판본이 존재하며 또한 다양한 제목이 존재한다. 〈1844년 원고〉라는 제목뿐만 아니라, 파리에서 쓰여졌기 때문에 〈파리 원고〉라는 제목도 통용되며, 한국에서는 《경제학-철학 수고》 혹은 《경철 수고》라는 제목이 가장 많이 통용된다. - 옮긴이

들 자신의 집합적 완전화/완성perfections collectives을 의식하는 하나의 방식으로 해석한다. 그리고 마르크스는 이러한 종교적 허상illusions이 사변적인 철학적 사고 내에서 재생산된다고 간주한다. 왜냐하면 이 사변적인 철학적 사유 그 자체 또한 소외된 사고의 한 형태이기 때문이다. 이와 마찬가지로 마르크스는 프랑스 대혁명에서 연원하는 정치적 해방*을 이 정치적 해방이 인간의 자유를 시민권이라는 유일한 형태하에서, 다시 말해 실제적인 사회적 삶으로부터 분리되어 있으며 분리된 채로 이 사회적 삶을 외부로부터 지속적으로 지배하는 국가에 대한 포섭participation이라는 형태하에서 획득할 수 있다고 주장한다는 의미에서 정치적 소외의 한 형태로 해석한다. 마르크스가 지니는 독창성의 핵심은 종교적, 철학적 그리고 정치적 소외의 원천을 사회적 소외에서 찾아야 한다고 주장한다는 점이다. 마르크스는 소외된 노동이라는 개념을 통해 바로 이 마지막 항, 즉 사회적 소외를 한편으로는 노동자와 다른 한편으로는 이 노동자의 생산물, 노동자의 활동 그 자체, 외부의 자연, 다른 인간들, 마지막으로 자기 자신의 본성, 이 사이에서 일어나는 분리와 전도, 그리고 갈등antagoniste의 관계를 지시하는 개념으로 기술하는 것이다.

마르크스주의 내에서 이 소외 개념에 대한 가장 일반적인 태도는 사회적 삶에 대한 집합적 재전유 기획이라는 틀 내에서 마르크스 사유의 서로 다른 요소들([성숙기 마르크스의 저작인] 《자본》의 요소들까지도 포함하여)을 소외 비판으로 개념화하는 것이다. 하지만 루이 알튀세르와 같은 몇몇 저자들은 소외라는 관념이 1846년 《독일 이데올로기》에서부터 마르크스가 비판하기 시작하는 **인간주의**humanisme라는 관념과 불가분의 것이라는 점을, 그리고 이 소외라는 관념이 성숙기 마르크스의 사유에서는 더 이상 결정적인 기능을 수행하지 않는다는 점을 보여주기 위해 노력했다.

# 스탈린주의

STALINISME

스탈린주의는 요제프 스탈린Joseph Stalin(1879~1953)의 이름에서 온 명칭으로 그는 1920년대 말부터 죽을 때까지 소련의 최고 지도자였다. 스탈린은 스스로가 레닌주의*의 충실한 해석자이기를 원했지만, 그의 사상과 실천은 레닌주의와는 다른 새로운 역사적 현실을 구성한다. 그 현실의 가장 중요한 요소들 중 세 가지만을 지적하자면, 1) 일국사회주의론—이에 따라 국제 공산주의* 운동을 **사실상** 소련이라는 하나의 국가에 사회주의를 건설하겠다는 목표에 종속시킨다. 2) 중국에서부터 시작하여 식민지 국가들 혹은 반半식민지 국가들에서 단계적으로 혁명이 발생한다는 개념화—이 국가들의 경제적이고 사회적인 조건들이 사회주의적 혁명을 가능케 하지 않기 때문에, 이 국가들은 프롤레타리아*, 농민 계층* 그리고 국가 부르주아지* 사이의 동맹이 추동하는 민주주의적이고 민족주의적인 혁명을 우선적으로 통과해야만 한다. 3) 유혈적 '숙청'으로 이어지는 권력에 대한 권위주의적이고 일괴암적인 개념화—이는 실제로 존재하는 반대파 혹은 실제로는 존재하지 않는 상상 속의 반대파 수백만 명을 제거하는 것으로 이어졌다. 그중에는 1917년 볼세비키 혁명의 지도자들 대다수가 포함되어 있다.

스탈린의 지지자들은 스스로를 공산주의자 혹은 레닌주의자로 지칭했으며, 이러한 용어법은 반공산주의자들에 의해서도 채택되었다. 예를 들어 모리스 토레즈Maurice Thorez가 '프랑스의 첫 번째 스탈린주의자'를 자처했던 것과 같은 예외를 제외한다면, '스탈린주의'라는 용어는 트로츠키와 그 지지자들(→ **'트로츠키주의'** 항목을 보라)에서부터 시작하여 특히 스탈린의 좌익 반대파에 의해 활용되었다. 이들에게 (스탈린에게 충실한 공산주의 운동을 포함하는 용어인) 스탈린주의는 소비에트 국가가 퇴락하면서 만들어진 생산물이었으며, 스탈린은 노동자들을 희생시켜 정치 권력을 독점화한 관료 집단의 잔혹한 대표자였다. 트로츠키는 스탈린적 소련을 '관료제적으로 타락한 노동자 국가'로 정의했다. 반면 트로츠키의 반체제적 후예들 중 몇몇은 '관료제적 집산주의'(막스 샤흐트만Max Schachtmann) 혹은 '국가자본주의'(토니 클리프Tony Cliff와 '사회주의인가 야만*인가' 그룹)에 대해 말했으며, 이 용어들은 마르크스주의자들에 의해서도 광범위하게 활용되었다.

# 신용

CRÉDIT

마르크스는 《자본》 3권의 상당 부분을 신용 메커니즘의 분석에 할애한다. 마르크스는 이 문제에 관한 다양한 종류의 이론적 전개들을 펼치지만 이러한 전개들이 체계적인 방식으로 취합되지는 못한다.

우선 우리는 마르크스에게서 자본주의적 생산양식 자체의 논리 내적 효율성에 기여하는 신용 체계의 기능을 강조하는 분석들 전체를 발견한다. 신용은 자본의 더욱 완벽한 활용을 가능케 한다. 왜냐하면 일시적으로 활용되지 않고 있는 자본의 일부분은 대부의 대상이 될 수 있으며 이를 통해 축적*에 기여할 수 있기 때문이다. 신용은 (자본의 수익성을 지표로 삼아 투자가 이루어지는) 자본주의적 경쟁*의 메커니즘에 따라 부문들 사이에서 자본을 할당하고 분배한다.

신용은 자본주의적 생산의 발전된 형상들configurations, 특히 자본가들 중 특수한 하나의 범주인 대부 업자들 혹은 화폐 자본가들capitalistes d'argent이 자본주의적 생산을 위한 과업에 참여하지 않으면서 자신들의 자본을 능동적 자본가들

capitalistes actifs에게 투자(→ '이자' 항목을 보라)하는 주식회사의 기반 가운데 하나이다. 은행은 이 자본들의 집합masses을 집적하여 화폐 자본가들을 대신해 이를 [기업 혹은 가계에] 대부해주는 역할을 수행한다. 은행은 이 대부자본의 '관리자'가 된다.(→ '은행 자본' 항목을 보라)

하지만 신용 체계는 또한 경제적 불안정성instabilité의 근원이기도 하다. 우선 이는 산업주기[경기순환]에 대한 연구(→ '위기' 항목을 보라)를 통해서 확인할 수 있는데, 이 산업주기에서 신용은 호황 국면으로의 축적*을 자극한다. 하지만 이 산업주기에서 호황으로 인한 이자율의 상승은 이러한 경제를 과잉생산과 공황krach으로 이끌고 그로 인해 이러한 팽창을 탈안정화déstabiliser시킬 수도 있다. 결국 신용 체계는 마르크스가 '가공자본*'이라 부르는, 금융 위기의 국면에서 자신을 실현하려는, 달리 말해 화폐* 형태를 취하려는 모든 종류의 채권들(혹은 증권들)의 집합masses의 증식으로 인한 금융적 불안정성의 벡터인 것이다.

# 실천/프락시스

PRATIQUE/PRAXIS

1845년 〈포이어바흐에 관한 테제〉에서, 마르크스는 실천(**프락시스**)을 "객관적 활동"과 "유효한 감성적 활동"으로 정의한다. 마르크스는 인식론을 위해서뿐만 아니라 사회 이론을 위해서도 실천의 중요성을 강조한다. 한편에서 마르크스는 관념들의 현실이라는 질문은 실천 속에서 그 답을 발견한다고 주장하며, 다른 한편에서 그는 "모든 사회적 삶이 본질적으로 실천적"이라는 점을 강조한다.

1846년 《독일 이데올로기》와 마찬가지로 〈포이어바흐에 관한 테제〉는 실천이라는 주제를 '자기-변형'이라는 주제와 결합한다. 사회적 행위 내에서 인간은 외부 세계를 변형하는 동시에 자기 자신 또한 변형한다. 그리고 만일 실천이 자본주의적 지배의 사회 구조에 항상 조건 지어져 있다면, 동일하게 이 실천은 혁명적 실천을 통해 이 구조를 변형할 힘 또한 지니고 있다.

철학*이 "실천을 개념화할" 필요성을 강조하는 〈포이어바흐에 관한 테제〉는 마르크스주의 철학, 그리고 이를 넘어 현대 철학에까지 상당한 영향력을 행사했다. 하지만 성숙기 저작에서 '실천'이라는 용어가 '계급투쟁'과 '생산'과 같은 개념들로 대체되면서 명백히 사라져 버린 것은 [마르크스주의 내에서] 서로 다른 입장들을 야기하게 된다. 안토니오 그람시와 같은 몇몇 저자들은 사회적 실천 내에서 자본주의적 생산 혹은 계급투쟁의 단순한 효과로 환원할 수 없는 바를 강조하기 위해서 **프락시스** 개념을 활용한다. 다른 저자들은 '**프락시스**의 철학'이 행위agir의 자연적이고 사회적인 조건을 무시하거나 사회적 구조(→ '**토대**' 항목을 보라)의 영향력poids을 과소평가한다고 비판한다.

# 야만

BARBARIE

비록 1848년 《공산주의자 선언》에서 마르크스와 엥겔스가 여전히 '야만적 민족'과 '문명화된 민족'을 대립시키기는 하지만, 또한 우리는 그들의 다른 저술에서 이 문제에 관한 더욱 합당한 접근을 발견할 수도 있다. 빈곤을 야기하는 법칙과 같이 자본주의가 표현되는 가장 음산한 몇몇 측면들에 관해 1847년 마르크스는 다음과 같이 쓴다. "야만이 재등장한다. 하지만 이번에 이 야만은 문명의 한가운데에서 생성되며 이 문명의 통합적 일부분이 된다."

《자본》의 본원적 축적\*에 관한 장에서 '야만적인 것'으로 특징 지어지는 것은 다름아닌 바로 서구 식민주의자들의 [잔악한] 행동이다. 마르크스는 기독교 저자인 윌리엄 호윗 William Howitt 신부의 담론을 자신의 것으로 취한다. 호윗 신부에 따르면, "소위 기독교인이라는 인종이 저지르는 끔찍한 야만과 잔혹은 (⋯) 인류사 그 어느 시대에서도 비견될 바를 찾을 수 없으며, 그 어느 야만적이고 조악하며 냉혹한 인종에게서도 비견될 바를 찾을 수 없다." 그러므로 이 언급은 자본주의 문명에 고유한 일종의 근대적 야만을 정의하는 것이다.

　바로 이러한 근대적 야만이 1915년 〈사회민주주의의 위기〉라는 팜플렛에서 로자 룩셈부르크가 '사회주의인가 야만인가'라는 유명한 구호를 정식화할 때에 생각했던 바이다. 룩셈부르크의 눈에 세계 전쟁은 선진 자본주의 사회의 파괴적이고 비인간적인 잠재성을 드러내주는 이러한 야만의 놀라운 예증이다. 룩셈부르크가 주장하는 것과는 달리 '사회주의인가 야만인가'라는 구호는 마르크스나 엥겔스에게서 온 것은 전혀 아니다. 〈사회민주주의의 위기〉에서 최초로 등장하는 '사회주의인가 야만인가'라는 구호를 통해, 로자 룩셈부르크는 자본주의적 모순의 필연적 결과로서의 사회주의라는 전통적인 결정론적 관점으로부터 스스로 거리를 둔다. 이제 사회주의는 일종의 분기 내에 존재하는 역사적 가능성들 중 하나로 나타나며, 그중 하나의 가지가 바로 야만이다.

　로자 룩셈부르크의 뒤를 이어, 코르넬리우스 카스토리아디스Cornelius Castoriadis와 클로드 르포르Claude Lefort를 중심으로 프랑스에서는 하나의 반체제적 마르크스주의의 흐름이 등장한다. 이 흐름 또한 1950년대 동안 '사회주의인가 야만인가'라는 표현으로 정의된다.

# 역사

HISTOIRE

마르크스와 엥겔스가 정교하게 구성했던 유물론적* 개념화 [유물론적 인식]의 특징은 역사가 이 유물론적 개념화 내에서 완전히 중심적인 역할을 수행한다는 점이다. 이로부터 1846년 《독일 이데올로기》의 다음과 같은 유명한 정식이 등장하게 된다. "우리는 역사에 대한 과학이라는 단 하나의 과학만을 알고 있다." 유물론적 개념화는 경제적 요인들에 대한 강조뿐만 아니라 역사에서 대중의 역할에 대한 강조로도 특징지어진다. 역사에 대한 여러 가지 관념론적 철학들에 반대해, 마르크스와 엥겔스는 1845년 《신성가족》에서 정신이 아니라 구체적 인간들이 역사를 만드는 것이며 역사적 행위는 개인이 아니라 대중을 그 주체로 가지고 있고, 대중은 혁명적 사건이 발생할 때 역사에서 능동적 역할을 한다agissantes고 강조한다. 이러한 의미에서 《독일 이데올로기》는, "역사의 동력은 비판*이 아니라 혁명"이라고 말한다.

마르크스는 상호 보완적인 두 가지 관점에서 역사에 대한 분석을 발전시킨다. 한편으로, 1859년 《정치경제학 비판》서문에서 마르크스는 역사가 생산력과 생산의 사회적 관계 사이의 변증법(→ '생산양식' 항목을 보라)으로 설명된다는 주장을 개진한다. 다른 한편, 1848년 《공산주의자 선언》은 마르크스의 다른 역사학적 저술들과 마찬가지로 계급투쟁*의 역할을 강조한다. "이제까지의 모든 역사는 계급투쟁의 역사이다."

이 두 가지 관점이 마르크스주의 내에서 서로 대립하게 된다. 제2인터내셔널(→ '국제주의' 항목을 보라)의 경제주의가 계급투쟁의 역할을 상대화했던 것과 달리, 이와 반대로 안토니오 그람시는 1917년에 집필한 텍스트 〈《자본》에 반하는 혁명〉에서 러시아 혁명은 경제적 요인들을 과대평가하는 주장을 반박하는 사례이며, 마찬가지로 《자본》에서 마르크스가 제시했던 몇몇 테제들을 반박하는 사례이기도 하다고 주장한다.

비록 마르크스주의의 다양한 분파가 마르크스의 이론과 정치가 역사에 대한 유물론적 개념화에 기초해 있다는 점을 공통적으로 인정한다고는 해도, 다음과 같은 질문은 여전히 해결되지 않은 채 남아 있다. 역사유물론은 노동자 운동의 특수한 역사적 상황에 대한 노동자 운동의 자기 반성으로 해석되어야 하는가(안토니오 라브리올라Antonio Labriola) 아니면 '역사에 대한 과학'으로, 더욱이 '역사라는 대륙'[역사과학이라는 대륙]의 발견으로 해석되어야 하는가?(루이 알튀세르)

# 유물론

MATÉRIALISME

마르크스에게서 유물론의 의미는 그가 현실적인 것le réel에 대해 관념이 우위에 있다는 것을 뜻하는 관념론과 행했던 다음과 같은 일련의 논쟁들 속에서 작동한다. 행위action에 대한 관념론적 분석에 대한 비판*(실천적 유물론), 역사*에 대한 관념론적 개념화에 대한 비판(역사유물론*), 변증법*에 대한 관념론적 개념화에 대한 비판(유물론적 변증법).

1845년 〈포이어바흐에 관한 테제〉에서 마르크스는 자기고유의 철학*을 "새로운" 유물론으로 제시한다. 관념론은 행위를 주관적 활동으로 해석하는 반면, 바로 그 지점에서 마르크스는 유물론으로부터 "상황/사태"circonstances가 지니는 혹은 실천의 자연적이고 사회적인 조건들이 지니는 결정적 역할을 이끌어낸다. 실천*(프락시스)이라는 개념은 인간활동을 이 인간 활동으로부터 독립적인, 하지만 그럼에도 이 인간 활동을 통해 변형 가능한 물질적 조건들에 의해 조건 지어져 있는 것으로 정확히 규정한다. 1846년《독일 이데올로기》에서 이 새로운 유물론은 '실천의 유물론'으로 불리게 된다.

《독일 이데올로기》가 전개하는 '역사에 대한 유물론적 개념화'에서, 유물론이라는 개념은 관념론에 대한 비판, 즉 역사에 대한 관념론적 개념화에 대한 비판으로부터 자신의 의미를 다시 한번 이끌어낸다. 본질적으로 논쟁적인 의미 속에서 존재하는 이 유물론적 개념화는 하나의 독트린이라기보다는 하나의 기획을 지시하는 것이다. 다시 말해 이는 역사에 대한 연구를 그 경제적 토대와 관련지음으로써 역사에서 추상적 원리의 단순한 전개를 더 이상 찾지 않는 것이다. 그럼에도 이는 물론 앞으로 마르크스주의 내에서 '역사적 유물론'이라고 정확히 불리게 될, 역사에 대한 유물론적 과학이라는 기획으로 발전한다.

《자본》 후기에서, 유물론적 변증법이라는 관념은 또 한번 새롭게 비판적 작용을 지시하게 된다. "나의 변증법적 방법은 헤겔의 변증법적 방법과 다를 뿐만 아니라 이 헤겔의 방법과 정확히 반대되기까지 한다. (⋯) 헤겔에게서 변증법은 거꾸로 뒤집혀 다리가 아닌 머리로 서 있다. 신비적 외피속에 들어 있는 합리적 핵심을 발견하기 위해 이 헤겔의 변증법을 전도해야만 한다." [스탈린의] '변증법적 유물론'이라는 관념은 이러한 마르크스의 헤겔 비판을 독트린으로 변형하는 데 기초한다.

마르크스 유물론의 본성을 명확히 해명하고 다음과 같은

양자택일 사이에서 자신의 입장을 선택하는 것이 마르크스주의 철학자들이 항상 지니게 되는 [철학적] 목표이다. 즉 물질의 법칙에 기초해 유물론을 정초해야 하는가(엥겔스, 플레하노프, 레닌) 아니면 이와 정반대로 행위와 표상의 사회-역사적 조건들에 대한 고려 위에서만 유물론을 정초해야 하는가(안토니오 라브리올라, 게오르그 루카치, 안토니오 그람시), [다른 방식으로 이 양자택일을 표현하자면] 마르크스의 유물론을 하나의 과학과 하나의 철학의 원리로 개념화해야 하는가(루이 알튀세르) 아니면 마르크스의 유물론을 이데올로기와 이 이데올로기가 생산하는 허상에 대한 비판의 원리로서만 개념화해야 하는가(테오도어 아도르노) 하는 양자택일이 그것이다.

# 유적 존재

ÊTRE GÉNÉRIQUE

마르크스가 자신의 청년기 텍스트들에서 활용했던 (인간 종이라는 의미에서의) '유'genre, 類 개념은 청년-헤겔좌파*의 종교 비판으로부터 유래한다. 다비드 슈트라우스David Strauss는 예수가 가능케 했던 [인간의] 완전화perfections는 인류 전체에만 적용될 수 있다고 주장하면서 '개인'을 '유'에 대립시켰다. 루트비히 포이어바흐에게서 유 개념은 인간의 본질을 무한한 본질로 정의한다. (게다가 포이어바흐에게 인간은 이 무한한 본질에 대해서 의식하고 있는 존재이다) 포이어바흐는 유를 통해 이성, 의지 그리고 사랑cœur이라는 무한하고 초개인적인 세 가지 역량을 정의한다. 자연스럽게 인간은 이 세 가지 무한한 역량을 자신이 스스로 지니고 있는 것으로 간주하기보다는 신이 자신에게 부여한 것으로 생각한다.

1844년 《경제학-철학 수고》에서 마르크스 또한 유적 존재를 '유적 힘들' 전체와 '대자적 존재'être pour soi(혹은 '이 힘들에 대한 의식')로 정의한다. 하지만 마르크스에게서 유는 이성, 의지 그리고 사랑amour이라는 세 가지 정신의 능력들보다는 인류가 자연과의 상호 작용의 역사적 과정, 그리고 노동의 역사적 과정 (하지만 이는 역사적 과정인 동시에 자신의 힘과 그 재전유로부터 소외*되는 과정이기도 하다) 내에서 '작동' activer시켜야 하는 사회적 힘들 전체로 정의된다.

1845년 〈포이어바흐에 관한 테제〉에서부터 마르크스는 인간 존재가 생산과 변형을 할 때 역사가 행하는 역할이, 이 인간 존재 자신의 인간성humanité에 대한 인식에 있어서와 마찬가지로, 유라는 개념의 본질주의적 함의들과는 양립 불가능하다는 점을 의식하기 시작한다. 〈포이어바흐에 관한 테제〉의 여섯 번째 테제에 따르면, 포이어바흐는 "역사의 흐름을 추상"하며, 그는 "본질을 자연적 방식으로 다수의 개인들을 결합하는 '유'로서만, 침묵하는 보편성으로서만 파악할 수 있을 뿐"이다. 1846년 《독일 이데올로기》는 마르크스가 이러한 유라는 개념을 포기한다는 점을 보여주는 텍스트이다.

# 유토피아

UTOPIE

그리스어로 u-topos, 즉 '어디에도 없는 곳'을 의미하는 유토피아라는 단어는 토마스 모어가 1500년 펴낸 《유토피아》에서 유래하는 것으로, 그 책에서 토마스 모어는 인간들이 조화로운 사회를 이루어 살아가는 상상의 섬을 묘사한다.

1848년 《공산주의자 선언》의 한 장은 생시몽, 로버트 오웬, 샤를 푸리에와 같은 "비판적이고 유토피아적인 사회주의자들과 공산주의자들"에 관한 논의에 할애되어 있다. 마르크스와 엥겔스가 이들을 비판하는 바는 그들의 "미래 사회에 대한 실정적 제안들", 다시 말해 그들의 유토피아가 아니라(마르크스와 엥겔스 또한 이들의 유토피아를 넓은 의미에서 자신들의 것으로 다시 취한다) 이들이 "프롤레타리아*에게서 어떠한 역사적 자기-활동성Selbstätigkeit도, 프롤레타리아에게 고유한 어떠한 정치적 운동도 보지 않는다"는 사실이다.

프리드리히 엥겔스는 1880년 《유토피아 사회주의에서 과학적 사회주의로》라는 소책자(사실 이 소책자는 그가 1878년 펴낸 《반-뒤링》의 세 장을 확장한 판본의 텍스트이다)에서 이 문제를 다시 다룬다. 엥겔스의 주장은 《공산주의자 선언》의 주장과는 매우 다른데, 엥겔스는 그 당시 유토피아 담론이 등장했던 이유를 프롤레타리아가 당시 "독립적인 정치적 행동을 할 수 있는 힘이 전혀 없었다"는 사실에서 찾는다. 위에서 언급한 세 명의 주요 유토피아 사상가들로부터 우리가 "이후 사회주의자들이 가지게 되는 경제적 관념을 포함한 거의 모든 관념들"을 발견하게 된다는 점에서 이들의 "천재적인 관점의 폭넓음"과 "위대함"에 열렬한 존경을 보냄과 동시에, 엥겔스는 마르크스에 의해 그 필연성이 "과학적으로" 증명된 사회주의와 이 세 사상가의 유토피아적 관념을 대립시킨다.

유토피아 개념을 최초로 재평가했던 인물은 에른스트 블로흐이다. 그는 우선 자신의 청년기 저서인 1918년 《유토피아 정신》에서, 그리고 이후에 1949~1954년에 펴낸 주저 《희망의 원리》에서 유토피아 개념의 가치를 재평가한다. 블로흐에게 공산주의적 유토피아는 성서의 예언자들에서부터 근대 사회주의에 이르기까지 면면히 흐르고 있는 관념이며, 마르크스주의는 **구체적 유토피아**와 전혀 다르지 않다.

# 원시 공산주의

COMMUNISME PRIMITIF

마르크스와 엥겔스는 원시 공산주의라는 표현으로 선사시대, 그러니까 사적 소유와 사회 계급*, 가부장제와 국가*가 등장하기 이전에 존재했던 생산양식을 지시한다. 인류학자 헨리 루이스 모건이 행한 북아메리카 이로쿼이어 인디언에 관한 연구로부터 영감을 받아 말년의 엥겔스는 1884년《가족, 사적 소유, 그리고 국가의 기원》에서 이 원시 공산주의의 형성에 관한 체계적 분석을 발전시키려고 시도한다. 엥겔스에 따르면 이 원시 공산주의는 생산력의 수준(→ **'변증법'** **과 '생산양식' 항목을 보라**)이 매우 제한적인 공동체들이다. 그리고 이러한 사실이 이 공동체들에서 잉여의 부재, 그러므로 변별적인 여러 사회 계급들*과 착취의 부재를 설명해준다. 마르크스와 엥겔스는 이러한 원시 공산주의적 성격의 자유롭고 평등한 공동체들이 취하는 사회 구조와 그 인간적 특징에 대해 찬사를 아끼지 않았다. 마르크스와 엥겔스는 이 사회 구조와 그 인간적 특징을 더욱 우월한 문명 수준을 취한 근대 공산주의에서도 되찾기를 희망한다.

이 주제는 로자 룩셈부르크의 저술들, 특히 그녀의 사후, 1927년에 출간된 《정치경제학 입문》에서 등장한다. 원시 공산주의에 관한 논의는 이 저서의 절반 이상을 차지한다. 룩셈부르크가 연구한 사례들 중에는 "모두가 모두를 위해 함께 노동하며 모두가 모든 것을 함께 결정"하는 단순하고 조화로운 사회 조직인 게르만 '마르케Marche'가 있다. 하지만 로자 룩셈부르크는 우리가 아메리카 인디언들, 잉카 문명, [알제리의] 카빌리 부족, 아프리카 부족 그리고 힌두 농촌에서도 발견할 수 있는 원시 농업 공산주의의 보편성을 강조한다.

로자 룩셈부르크의 저술들에 대해 전혀 알지 못했음에도, 1927년에서 1929년 동안 페루의 마르크스주의자 호세 카를로스 마리아테기José Carlos Mariategui는 토착적 집산주의 전통, 즉 '잉카 공산주의'를 근대 사회주의에서 농민 대중의 지지를 얻기 위한 출발점으로 간주함으로써 룩셈부르크와 유사한 관념을 발전시킨다. 게다가 우리는 이러한 관념이 오늘날 멕시코 치아파스Chiapas의 차파티스타Zapatisme 운동들 혹은 라틴아메리카 좌파 토착민주의의 흐름들에서 여전히 그 영향력을 발휘하고 있음을 발견한다.

# 위기

CRISE

우리는 마르크스가 경제학 저서에서 위기라는 현상에 부여했던 중요성에도 불구하고, 위기론에 대한 편이나 장을 발견하지는 못한다. 그가 집필을 기획했던 거대한 정치경제학 비판의 최초 플랜에 따르면 마지막 부분은 세계시장과 위기를 다루는 것으로 예정되어 있다. 하지만 마르크스는 이 기획을 마지막까지 성공시키지 못한다. 위기에 대한 마르크스의 사고를 파악하려면 《자본》에서 관련 구절들 전체를 취합해야 한다.

서로 다른 여러 종류의 위기들이 존재한다. 우선 이 위기는 산업주기(오늘날 우리가 '정세적 주기'le cycle conjoncturel라 부르는 바)의 한 국면일 수 있다.[1] 마르크스는 19세기 초반에 나

---

[1] 'cycle industriel' 혹은 그 현대적 표현인 'cycle conjoncturel'은 영어로는 '비지니스 사이클business cycle'이며 한국어로는 학계에서든 저널리즘에서든 일반적으로 '경기순환'으로 옮긴다. 하지만 'circuit'와 'circulation' 모두 순환으로 옮기기 때문에 혼동의 여지가 있어 이 책에서는 어색하더라도 직역하여 'cycle industriel'은 '산업주기'로, 'cycle conjoncturel'은 '정세적 주기'로 옮긴다. 'conjoncture'는 정치학이나 사회학 등에서 '정세'로 번역되는 매우 중요한 개념인데, 경제학에서는 경기순환의 한 국면을 의미하므로 굳이 '정세'로 직역하지 않고 '경기순환' 정도로 번역해도 무방하다. - 옮긴이

타나기 시작했던 이 산업주기를 매우 정확하게 기술한다. 자신의 정식화에 따라, 마르크스는 여러 다양한 국면들을 구분한다. 예를 들어 다음과 같은 상황들이 이어질 수 있다. 진정calme, 회복reprise, 호황prospérité, 과잉생산surproduction, 공황krach, 불황dépression 그리고 다시 진정. 고유한 의미에서의 위기란 과잉생산(이 과잉생산 동안 상품들은 제시된 가격으로는 팔릴 수 없는 것으로 나타난다)과 공황(이는 생산이 갑작스럽게 위축될 때를 의미하는 것으로, '침체'récession라고도 말할 수 있다), 그리고 불황(이는 생산이 붕괴할 때를 의미한다)에 조응하는 것이다. 과잉생산은 주기[경기순환]의 한 국면에 불과하지만 그럼에도 사람들은 이 위기에 '일반적 과잉생산의 위기'라는 이름을 부여했다. '일반적 과잉생산의 위기'를 [자본주의] 이전의 위기들과 비교하면 매우 놀라운 점을 확인할 수 있다. 이전 위기들에서는 부족함, 특히 농산물의 부족이 위기의 핵심이었기 때문이다. 일반적으로 이 [실물 경제의] 위기들은 신용에서 주식까지를 포함하는 금융 위기에 의해 더 복잡해진다. 이 [실물 경제의] 위기들과 금융 위기 사이의 인과성은 **사전적인 방식**으로 [항상-이미] 상호적이며 상당한 수준으로 상황 의존적이다. 현재의 자본주의 역시 이러한 급작스런 변화에 항상 종속되어 있다.

마르크스에게, 위기는 항상 이윤율 저하의 효과이다. 이러한 이윤율 저하는 특히 고용이 늘어나면서 임금*의 구매력 상승을 자극할 때, 정세적으로conjoncturelle(경기 변동상) 발생할 수 있다. 바로 이것이 마르크스가 '자본의 과잉 축적' 상황이라고 부르는 것이다. 과잉 축적은 '호황'이라 불리는 팽창 국면의 특징이다. 임금이 갑작스럽게 상승할 때, 경제는 '공황'을 향해 요동친다bascule. 과잉 축적과 마찬가지로 팽창 국면과 동일하게 연결되어 있는 이자*율의 상승 또한 동일한 효과를 발생시킬 수 있다.

마르크스는 이윤율의 이러한 갑작스러운 하락이 (이윤율 하락 경향*과 연관된) 장기적인 이윤율 하락의 국면들(마르크스에 따르면 이 장기적인 이윤율 하락의 국면들은 축적의 둔화와 투기에 연관되어 있는 위기의 정세들을 자극한다)과는 구분되어야 한다고 명확히 지적한다. 우리는 비록 마르크스가 이 표현을 활용하는 것은 아니더라도 이러한 시기를 [위에서 방금 설명했던 정세적 위기, 즉 순환적 위기와는 구분되는] '구조적 위기'crises structurelles라고 부를 수 있을 것이다. 19세기 말부터 오늘에 이르기까지, 자본주의는 두 번의 구조적 위기를 겪었는데, 그것이 1890년대와 1970년대의 구조적 위기이다.

마르크스는 자본주의의 위기를 판로의 부족을 초래하는 임금의 부족 때문이라고 생각하지 않는다. 마르크스는《자본》2권에서 위기는 일반적으로 임금 상승 국면 이후에 발생한다는 점을 지적하면서 이러한 테제를 명시적으로 거부한다. 하지만 위기가 임금 상승 국면 이후에 발생한다는 마르크스의 관념을 다음과 같은 마르크스의 주장, 즉 자본주의적 위기가 항상적으로 취하는 그 '최종적 토대'는 수익성을 추구하기 위해서[만] 움직이는 이 자본주의적 생산양식이 노동자의 필요를 충족하려는 경향적 힘dynamique(바로 이 경향이 마르크스가 원했던, 자본주의의 뒤를 이을 새로운 사회인 [공산주의] 사회가 지니게 될 경향이다)을 위해서 작동하는 것은 전혀 아니라는 사실과 혼동해서는 안 된다.[2]

주기적 위기[즉 순환적 위기]는 부문들 대다수가 영향을 받는다는 의미에서 '일반적' 위기이다. 마르크스는 [《자본》 4권인] 《잉여가치학설사》의 몇몇 부분에서, 부분적sectorielles 위기에 대해 언급한다. 하지만 이는 산업주기 내에서 발생하는 사건으로서의 위기와는 관련이 없다. 동일하게 우리는 마르크스가 한 부문 내에서 여러 문제들이 갑작스럽게 나타날 수 있다는 점을 지적하는 《자본》 2권에서 이러한 유형의 위기에 대한 그의 언급을 발견할 수 있다. 일반적으로 마르크스는 위기가 부문들 사이의 '불비례'로 인해 발생한다는 관념에 적대적이며 이 점에 대해서 리카도를 반박한다.

---

2 임금 상승 국면 이후에 위기가 발생한다는 것이 자본주의적 생산양식이 노동자의 필요를 충족하는 경향을 지닌 생산양식이라는 점을 의미하는 것은 아니라는 뜻이다. - 옮긴이

# 은행자본과 금융자본

CAPITAL BANCAIRE, CAPITAL FINANCIER

마르크스는 **화폐 취급 자본**capital du commerce de l'argent(→ '산업
자본' 항목을 보라)에 대한 자신의 분석과 **대부자본**(→ '이자' 항목
을 보라)에 대한 자신의 분석을 자신의 은행자본에 관한 이론
내에 통합시킨다. 재산 보관[관리]과 화폐 거래에 관한 업무
는 자본가들과 모든 예금자들을 대신하여 이러한 업무를 수
행하는 은행가들이 맡게 된다. 하지만 또한 은행 시스템은
대부자본으로 활용될 수 있는 가용 기금을 집적하는 기능
도 가지고 있다. 이 기금은 기업이 은행에 예치함으로써 자
본 순환에서 '해방'된 화폐, 즉 일시적으로 화폐 형태(→ '자본
의 유통' 항목을 보라)를 되찾은 화폐를 보관함으로써 조성되는
것이다. 이 화폐는 (기업에서와 마찬가지로) 일시적으로 예치
된 모든 가계의 저축, 그리고 자신들의 투자를 위한 매개자
로 이 은행을 활용하는 화폐 자본가들capitalistes d'argent의 기금
과 결합된다.

  은행은 점점 더 다른 행위자들을 대신해 대부 기능을 수
행하게 된다. 마르크스는 이 은행이 대부자본의 '관리자'가

된다고 지적한다. 여기에서 우리는 은행에 의해 금융을 조달하는 주식회사들로 구성된 자본주의 경제에 대한 마르크스의 관점의 윤곽이 드러나는 것을 보게 된다.

또한 여기에서 우리는 《자본》 3권에서 '화폐 자본가'capitaliste d'argent를 표현하기 위한 용어인 '금융 자본가'capitaliste financier라는 용어를 부수적으로 발견하기도 한다. 이 '화폐 자본가'는 이자 낳는 자본capital porteur d'intérêt의 소유자로, 경영에 참여하지는 않으면서 기업에게 돈을 빌려주거나 기업의 주식을 구매하는 이를 가리킨다. 하지만 이렇듯 두 가지 용어를 모두 사용하기 때문에 용어상의 혼란이 초래된다.

'금융자본'이라는 용어는 1910년 루돌프 힐퍼딩Rudolf Hilferding의 저서 《금융자본》이 출간된 이후 마르크스주의에서 광범위하게 사용되기 시작한 용어이다. 힐퍼딩에게서 이 '금융자본'이라는 용어는 금융 부문과 비금융 부문 모두의 자본을 소유하고 있는 대소유자들(산업계의 거물들) 사이의 결합으로 특징 지어지는, 19세기에서 20세기로의 이행기에 우리가 확인할 수 있는 자본주의의 제도적 구조를 지칭하는 표현이다. 이러한 힐퍼딩의 분석은 마르크스의 분석을 확장하면서 은행 부문을 대부자본의 **관리자**로 묘사하는 마르크스적 분석을 어떠한 의미에서는 '현대화'한다고 볼 수 있다.

# 이데올로기

IDÉOLOGIE

이데올로기라는 용어는 과학주의적 정신에 고취되어 있던 사상가인 앙투안 데스튀트 드 트라시Antoine Destutt de Tracy가 "생리학에 종속"된 과학으로서의 "관념에 대한 학"[관념학]을 지시하기 위해 처음으로 사용했던 용어이다. 트라시와 그의 친구들에게 적대적이었던 나폴레옹은 현실로부터 괴리되어 있는 이론가들을 지시하기 위해 경멸적인 의미로 이 이데올로기라는 단어를 사용하였다. 마르크스가 특히 1846년《독일 이데올로기》에서 사용하는 이데올로기 개념은 두 번째 의미의 이데올로기 개념이다.《독일 이데올로기》에서 마르크스는 도덕\*, 종교\*, 철학\*, 형이상학, 정치적 독트린과 같은 관념과 표상의 집합, 그리고 사회적 관계의 전도된 이미지(다시 말해, 이 이미지 내에서 현실의 역사를 결정하는 것은 바로 이 관념과 표상이다), 이 둘 모두를 지시한다. 1859년《정치경제학 비판을 위하여》의 유명한 서문에서 "이데올로기적 상부구조"(→ **'토대' 항목을 보라**)라고도 표현되는 이 이데올로기 개념은 사회적 관계의 역사가 "정신 내에서 다양한 형태로 반영되는 것"으로 정의된다. 1852년 《루이 보나파르트의 브뤼메르 18일》에서는 이 이데올로기라는 단어가 등장하지 않지만, 이 저서에서 핵심적으로 다루는 바는 현존하는 사회적 관계의 기초 위에서 사회 계급에 의해 만들어지는 "인상, 허상, 사고방식의 상부구조 전체"이다.

마르크스 이후 레닌의 사상과 공산주의 운동 내에서 이 이데올로기 개념은 그 경멸적 의미를 상실하게 되어 '프롤레타리아 이데올로기', '이데올로기적 수준' 혹은 '이데올로기적 노동'의 문제가 논의의 중심을 차지하게 된다. 사회학자 카를 만하임Karl Mannheim은 1929년의 《이데올로기와 유토피아》에서 질서의 보존을 목적으로 하는 표상들의 체계로서의 이데올로기를 전복적 성격의 관념으로서의 유토피아에 대립시킨다. 마지막으로, 1960년대에 행한 작업에서 루이 알튀세르는 '이데올로기적 절단'coupure idéologique[이데올로기와 과학 사이의 절단]을 엄밀하게 적용하여 과학과 이데올로기를 명확히 구분한다. 알튀세르에게, 성숙기 마르크스의 저작[특히 《자본》]이 과학에 속하는 반면, 청년기의 저술들[특히 1844년 《경제학-철학 수고》]은 루트비히 포이어바흐나 청년 헤겔주의자들의 저술들과 같이 이데올로기의 영역에 속한다.

# 이윤

PROFIT

이윤은 한 상품*의 판매 가격과 그 상품의 생산 혹은 판매가 초래한 비용 사이의 차이다. 가격이 가치의 형태*인 것과 마찬가지로, 이윤은 여러 기업들에 의해 실현된 잉여가치*의 형태이다. 마르크스가 활용하는 형식화의 틀 내에서, 이윤율은 생산비용과 이윤 사이의 비율이다. 이 이윤율이라는 비율에서 실현된 잉여가치는 전체 자본, 다시 말해 가변자본과 불변자본(→ '상품' 항목을 보라)의 합과 비교되며, 이와 달리 잉여가치율(pl/v)에서 실현된 잉여가치는 가변자본과만 비교된다. 잉여가치를 pl로, 불변자본을 c로, 가변자본을 v로, 이윤율을 r로 표기할 경우,

$$r = pl/(c + v)$$

이다. 그러므로 이윤율은 자본과 이윤의 플로우만이 고려되는 분석틀 내에서 정의되는 것인데, 마르크스는 논의의 단순화를 위해 이 분석틀을 자주 활용한다.

《자본》2권은 주어진 순간에서 자본의 여러 형태들(→ '자본의 유통' 항목을 보라)의 동시적 공존, 그러니까 여러 자본 전체의 총합(스톡)이라는 개념을 도입한다. 이 틀 내에서, 이윤율은 주어진 한 시기 동안의 이윤 플로우와 자본 스톡의 평균 가치 사이의 비율이다.

일반적으로 마르크스는 이윤율을 자본주의 생산의 동역학dynamique이 지니는 중심 변수로 보았다. 우리는 마르크스의 이러한 관념을 단순한 방식으로 정식화할 수 있다. 노동자가 처하게 될 조건과는 완전히 독립적으로, 만일 이윤율로 측정되는 자본의 **수익성**이 보장된다면, 다시 말해 만일 이 수익성이 (급작스러운 혹은 경향적인 이윤율 변동으로 인해) 하락하지 않는다면, 경제 체계는 문제없이 잘 작동한다(→ '경향'과 '위기' 항목을 보라) 그리고 그 역, 다시 말해 수익성이 하락할 때 경제 체계는 문제를 일으키며 잘 작동하지 못하게 된다.

마르크스는 《자본》3권에서 기업이 채권자에게 지불하는 기업 이윤의 일부분, 즉 이자*라는 개념을 도입한다. 이 이자 개념의 도입을 통해 마르크스는 기업 이윤을 이자를 제한 이윤으로 정의하게 된다.

# 이자와 대부자본

INTÉRÊT ET CAPITAL DE PRÊT

《자본》에서 이자에 대한 연구는 생산에 적극적으로 참여하지는 않으면서 기업에게 자신의 자본을 빌려주는 자본의 보유자에게 기업이 지불하는 이자에 주로 초점이 맞추어져 있다. 마찬가지로 마르크스는 가공자본*과 '사채'usure에 대한 연구에서 공채emprunts publics에 대해 국가가 지불하는 이자에 대해서도 다룬다. 하지만 여기에서는 첫 번째 경우에 대한 논의로 만족하도록 하자.

여기에서 분석 대상이 되는 것은 두 가지 범주의 자본가들이다. 첫 번째 범주인 **능동적 자본가**capitaliste actif는 자본을 지출avance하고 마르크스가 '자본가적 기능'이라고 부르는 바, 다시 말해 오늘날 우리가 '관리'gestion라고 부르는 바를 실행한다. 이 자본가적 역할은 (건물, 원료, 기계 그리고 노동력과 같은) 생산수단의 구입과 상품의 판매, 생산의 조직, 그리고 회계와 같은 다른 업무들까지도 포함하는 것이다. 두 번째 범주의 자본가는 능동적 자본가가 사용할 수 있도록 자본을 투자avance할 때에만 개입한다. 마르크스의 용어 사용은 여기에서 그렇게 일관되지 않는다. 마르크스는 이 두 번째 범주의 자본가를 '화폐 자본가'capitaliste d'argent로도 혹은 '대부자'로도 지칭한다. 이러한 자금 투자의 주요 양태는 물론 **대부**이지만, 마르크스는 이 화폐 자본가가 보유하고 있는 주식 또한 '대부자본'의 항목에 포함시킨다. 대부한 자금은 **이자**로 보상받으며, 주식회사의 주식 보유는 배당금으로 보상받는다. 이자와 배당금을 지불한 뒤에 남는 이윤*이 바로 **기업 이윤**(기업가 혹은 능동적 자본가의 이윤)이다.

이자, 배당금 그리고 기업 이윤이 잉여가치*의 부분들이다. 마르크스는 이자율의 가치를 결정하는 '법칙'은 존재하지 않는다고 주장한다. 이자율의 가치는 [어떠한 법칙이 아니라] 능동적 자본가와 대부자 사이의 '분배'에 관한 것이다. 하지만 다른 여러 구절에서 마르크스는 이자율이 산업주기[경기순환]의 국면들에 따라 변화한다는 점을 보여준다. 그러므로 이자율을 결정하는 법칙이 존재하지 않는다는 것은 산업주기에 따른 경기 변동fluctuations과 관계 없는 일반적 수준의 이자율이란 존재하지 않는다는 점을 의미하는 것이다.

《자본》3권에서 마르크스는 주식회사에 관한 (미완성이지만) 매우 정교한 분석을 전개한다. 마르크스는 어떻게 능동적 자본가가 자본의 지출avance에 참여하면서도 동시에 '기능으로서의 자본'capital fonction[만]을 대표하는지, 그리고 어떻게 화폐 자본가가 '소유로서의 자본'capital propriété을 대표하는

지를 보여준다. 능동적 자본가의 기능을 고려해본다면, 우리는 능동적 자본가를 [일종의] 임금노동자로 간주할 수 있으며, 그러므로 이 능동적 자본가가 임금노동자의 자격으로 임금을 받을 수 있다는 점에 동의할 수 있다. 이 능동적 자본가가 그 관리 업무를 어떠한 의미에서도 자본의 소유자로는 볼 수 없는 임금 관리자directeurs salariés[즉 '월급쟁이' 관리자]에게 위임한다는 점을 통해서 봤을 때, 우리는 이 능동적 자본가를 [일종의] 임금노동자로 간주하는 것이 부자연스럽지 않다는 점을 파악할 수 있다. 마르크스의 논의는 화폐 자본가가 자본을 투자avancent하고 관리 업무는 임금노동자[즉 임금 관리자]가 실행하는, 제도적으로 매우 발전된 [현대적] 형태의 자본주의에 대한 기술과 매우 근접해 있다.

# 인간주의

HUMANISME

1844년 《경제학-철학 수고》에서 마르크스는 자신의 철학적 입장을 인간주의와 자연주의로, 그리고 1845년 《신성가족》에서는 '현실적 인간주의'로 정의한다. 마르크스의 인간주의의 원리는 1844년 〈독불연보〉의 여러 텍스트에서 그가 발전시켰던 종교* 비판*에서 찾을 수 있다. 신적 완전화 perfections divines는 집합적 존재로 간주된 인간 존재의 완전화 perfections de l'être humain일 뿐이다. 자연주의적 인간주의 혹은 현실적 인간주의 개념은 자연의 인간으로의 확장을 구성하는 역량들, 즉 (노동을 통한, 역사 내에서의) 자연과의 상호 작용 속에서 현행화되는s'actualisent 역량들로 인간 존재의 완전화를 파악하려는 의지로부터 만들어지는 것이다. 이 텍스트들에서 인간주의라는 개념의 기능은 일반적인 철학적 원리를 제시하는 것일 뿐만 아니라 "인간"을 "쇠약한, 예속된, 버려진, 경멸스런 존재"(1844년 〈헤겔 법철학 비판 서문〉)로 환원하는 사회 세계에 대한 비판을 전개하는 것이기도 하다. 역으로, 인간주의는 인간적 완전화의 재전유(→ '전유' 항목을 보라)로 공산주의*를 정의할 수 있도록 해 주기도 한다.

《독일 이데올로기》에서 역사*에 대한 유물론적* 개념화
는 '인간'을 보편적 설명의 원리로 만드는 것을 목적으로 하
는 모든 철학적 시도들과 논쟁한다. 동시에 이 역사에 대
한 유물론적 개념화는 '현재의 상태를 폐지하는 현실의 운
동'으로서의 공산주의라는 대안적 정의를 제시한다. 더 이
상 공산주의는 인간적 본성의 실현으로 개념화되는 것이 아
니라 자본주의 사회가 주조해낸 것과는 다른 유형의 인간의
출현으로 개념화된다. 마르크스는 공산주의 사회가 혁명만
이 수행해낼 수 있는 인간에 대한 변형을 전제한다는 점을
명확히 주장한다.

[역사적으로] 마르크스주의는 공산주의에 대한 이 두 가
지 접근[즉 인간적 본성의 실현과 다른 유형의 인간의 출현]을 서
로 다른 방식으로 결합시킴으로써 이 두 접근 모두를 자신
의 것으로 취한다. 체 게바라의 것과 같은 '혁명적 인간주의'
는 자본주의의 모순에 대한 제거만으로는 해방을 가능케 하
기에 충분치 않으며, 이를 넘어 인류의 근본적 열망을 충족
시켜야 한다는 필요성이 사회적 변형을 이끌어가야 한다는
점을 강조한다. 그러나 혁명적 인간주의는 인간 본성에 대
한 순진한 믿음 위에 기초해 있지 않다. 그와는 반대로, 마
오쩌둥와 마찬가지로 체 게바라가 '새로운 인간'이라 부르
는 것을 창조할 때 인간의 변형은 공산주의 사회의 조건들

중 하나이다. 반면 루이 알튀세르는, '인간'이라는 원리가 충분하지 않으며, 심지어 고유하게 이론적인 관점에서뿐만 아니라 그 정치적 영향의 관점에서도 허구적(mystifiant, 신비적)이라는 점을 강조함으로써, 마르크스의 철학적 입장이 '이론적 반인간주의'로 특징 지어진다는 점을 보여주기 위해 노력한다.

# 임금

SALAIRE

임금은 특수한 한 상품*, 즉 노동력이라는 상품의 가격이다.
모든 다른 상품과 마찬가지로, 노동력 상품의 구매자[즉 자
본가]는 임금노동자로 하여금 [그가 자신의 노동력을 가지고서]
노동을 하게 만들려는 목적으로 노동력을 구매한다. 이는
가내수공업을 위한 고용에서와 같이 상품에 대한 개인적 활
용을 위한 것일 수도 있고 국가 행정[공공 영역]에서와 같이
상품에 대한 집합적 활용을 위한 것일 수도 있다. 그러므로
임노동적 조건은 고유하게 자본주의적인 (기업의) 임노동제
범위를 초과하는 것이다. 물론 자본주의적 임노동제가 자본
주의 사회에서 임노동제의 대다수를 차지하기는 하지만 말
이다. 또한 (생산적 임금노동자 이외에도 비생산적 임노동자가
존재하기 때문에)(→ '노동' 항목을 보라) 기업의 임노동제는 생산
적 노동자에 대한 고용보다 더욱 넓은 외연을 지닌다. [다시
말해 생산적 노동자에 대한 고용+비생산적 노동자에 대한 고용이
기업의 임노동제의 외연이다.] 자본주의적 임노동 조건의 핵심
은 자본가들이 소유하고 있는 생산수단을 노동자는 박탈당

했다는 점이다.

마르크스는 임금의 구매력이 취하는 역사적 형상에 대한 자신의 관점을 명확하게 표현한 적이 전혀 없다. 청년기에 마르크스는 '임금 철칙'이라는 표현이 지시하는 테제, 즉 자본주의의 역사적 변화가 노동자들의 구매력을 노동력의 생산 혹은 재생산과 양립 가능한 일종의 최소치로 이끌어가는 능력을 지니고 있다는 테제를 지지했다. [반면] 《자본》에서 마르크스는 이러한 노동력의 생산 혹은 재생산을 위한 필요[욕구]에 대한 역사적, 즉 상대적 특징에 대해 언급한다. 그가 노동일의 역사적 결정에 관해 했던 분석에서와 같이 (→ '잉여가치' 항목을 보라), 우리는 마르크스가 임금의 역사적 수준에 미치는 상당한 잠재적 영향력을 자본가와 프롤레타리아 사이의 세력 관계에 부여했다고 가정할 수 있다. 그러나 **자본주의적 축적\* 법칙**에 관한 연구에서는, 마르크스는 임금의 구매력이 지니는 이러한 상승 경향에 반작용하기 위해 자본가들의 손에 쥐어지는 기술 변화[기술 진보, 즉 상대적 잉여가치 생산]라는 도구의 중요성을 강조한다.

# 잉여가치[1]

PLUS-VALUE / SURVALEUR

자본\*의 가치 증식/가치화valorisation에 관한 이론의 중심 개념은 '잉여가치'survaleur라고도 불리는 **잉여가치plus-value** 개념이다. 양적 측면에서 보자면, 잉여가치는 일정 기간 동안 자본주의적 활동에 의해 발생한 자본 증가의 총량을 지시한다. 이 잉여가치는 자본과 마찬가지로 가치로 측정된다. 이제 어떻게 이러한 자본 증가가 발생하는지의 수수께끼를 해결하는 문제가 남는다.

마르크스는 상품\*이 정상 가격에 따라, 다시 말해 《자본》 1권에서 그가 상정하는 논의의 단순화를 목적으로 한 가정을 통해, 상품이 그 상품의 가치에 비례하는 가격에 따라 교환된다고 전제한다. 만일 자본가들 사이 혹은 자본가들과 최종 소비자들 사이의 관계 내에서 모든 상품이 그러한 가

---

1 한국어로는 '잉여가치'라는 하나의 번역어만이 존재하지만 프랑스어에는 이 '잉여가치'의 번역어로 'plus-value'와 'survaleur' 모두 사용된다. 이 책에서 저자들은 어떠한 선호 없이 중립적으로 이 두 번역어를 모두 사용하고 있다. 그러므로 필요한 경우가 아니라면 원어 병기로 이 둘을 구분하지 않았다. - 옮긴이

격에 따라 교환된다면, 당연히 자본 증가는 발생하지 않는다. 가치는 한편에서 다른 한편으로 이전될 뿐이다.

그래서 마르크스는 그 활용을 통해 가치를 창조할 수 있는 그러한 특수한 상품이 존재한다고 설명한다. 바로 그것이 노동자의 **노동력**이라는 상품이다. 마르크스의 논의에서 이러한 노동하는 능력은 하나의 상품으로 취급되는데, 이는 이러한 상품이 유용성과 가치를 가진다는 점을 의미한다. 노동력 상품의 유용성, 다시 말해 이 상품을 획득한 소유자[즉 자본가]의 관점에서 이 상품이 행하는 역할이 바로 노동이다. [즉, 노동력 상품의 사용가치는 노동이다.] 자본가는 노동자가 노동을 하도록 시킨다. 이 노동력 상품의 가치는 이 노동력 상품을 생산하기 위해 필요한 노동시간이다. 이 필요 노동시간은 노동자가 구매할 수 있는 상품들의 생산에 필요한 노동시간, 다시 말해 마르크스가 '생필품'subsistance이라고 부르는 재화에 대해서 (노동자와 이 노동자의 가족 구성원들이 노동할 수도 있으므로 그 가족까지, 이들이) 갖는 구매력으로 정의된다. 이와 관련해 일반적으로는 노동력의 '생산'보다는 노동력의 '재생산'이라는 용어가 더 선호된다. 모든 상품과 마찬가지로 노동력 또한 가격을 가지는데 그것이 바로 임금*이다.

그러므로 잉여가치의 수수께끼는 노동자가 그가 획득할 수 있는 재화들의 생산이 필요로 하는 시간보다 더 많은 시간을 일할 수 있다는 사실을 관찰함으로써 해결된다. 이 **잉여노동**surtravail 시간이 바로 **잉여가치**의 원천이다.

　자본주의 내에서 가치를 창조할 수 있는 이러한 능력은 노동력에게 고유한 것이다. 이러한 점에서, 마르크스는 이러한 노동력을 구입하는 데 사용되는 자본의 일부를 '가변자본'이라고 부른다. 마찬가지로 마르크스는 원료 혹은 기계를 구입하는데 사용되는 자본의 일부분과 같은 자본의 다른 부분들을 '불변자본'이라고 부른다. 잉여가치, 즉 pl과 이 잉여가치의 원천인 가변자본, 즉 v 사이의 양적 관계가 바로 **잉여가치율**, 즉 pl/v이다(만일 잉여가치의 번역어로 survaleur를 쓸 경우, 우리는 이를 sv/v로 쓸 수 있다).

　잉여가치에 여러 종류가 존재하는 것은 전혀 아니지만, 이 잉여가치를 증가시키는 방법에는 두 가지가 있다. 자본가와 노동자 사이의 세력 관계가 **노동일의 시간**[즉 노동시간]을 결정한다. 만일 생산의 기술-조직적 조건들과 임금의 구매력이 주어져 있다면[즉 변하지 않는다면], 잉여가치는 노동일의 시간이 증가함에 따라 증가한다. 바로 이것이 마르크스가 '절대적 잉여가치'라고 부르는 것이다. 하지만 우리는 노동자들의 생필품 생산에 필요한[즉 노동자들의 재생산을 위해 필요한] 노동시간을 감축하는 방식을 통해서도 잉여가치를 증가시킬 수 있다. 생산조건의 변형이 노동생산성의 증가를 가능케 하고(다시 말해 동일한 시간 동안 더 많은 재화를 생산하고), 동시에 노동자의 구매력이 이러한 생산성 증가로부터 이득을 누릴만큼 충분히 증가하지 않을 경우 그러하다. 바로 이것이 '상대적 잉여가치'라고 불리는 메커니즘이다.

마르크스는 매뉴팩처와 [기계제] 대공업(→ **'협업' 항목을 보라**)에서와 같이 생산조건의 변형이 잉여가치와 그 비율을 높이려는 목적을 가지고 있다는 점을 강조한다. 《자본》 1권의 분석에서, 마르크스는 《자본》 3권에서 등장할 이론적 전개를 조금은 앞당겨 예상하는데, 이 이론적 전개에서 우리는 자본가가 자신의 이윤*율을 극대화한다는 점(이 이윤율에서 잉여가치율은 이윤율을 결정하는 하나의 결정 요인에 불과하다) (→ **'경향' 항목을 보라−옮긴이**)을 확인하게 된다.

# 자기-해방

AUTO-ÉMANCIPATION

정치 투쟁에 관한 자신의 개념화를 하나의 문장으로 요약하기 위해, 마르크스는 1864년 국제 노동자 협회[제1인터내셔널] 규약 발기문에서 "노동자들의 해방은 노동자들 자신의 과업이다."라고 썼다.

프롤레타리아의 자기-해방이라는 관념은 플로라 트리스탕Flora Tristan의 몇몇 저술들과 영국 차티스트 운동 내 좌파에게서 이미 등장했던 것이다. 하지만 바로 마르크스와 엥겔스의 저술들, 특히 1846년 《독일 이데올로기》에서부터 이 자기-해방이라는 관념이 가장 설득력 있는 정식화를 발견하게 된다. 《독일 이데올로기》에서 자기-해방이라는 관념은 **프락시스praxis의 철학**\*(→ '실천' 항목을 보라)이 정치적으로 번역된 것으로 등장한다. 마르크스와 엥겔스에 따르면, **전복적subversive, stürzende** 계급, 다시 말해 프롤레타리아\*는 자기 고유의 혁명적 **프락시스**(→ '실천' 항목을 보라), 그들의 행위 내에서 획득한 자신의 경험, 자신의 실천적 배움, 전투를 통한 자신의 자기-교육을 통해서만이 지배 계급의 권력을 혁파

할 수 있을 뿐만 아니라, 계급*과 지배가 없는 사회를 설립할 능력을 가진 '새로운 인간 존재들'êtres humains nouveaux의 집합체collectivité가 되기 위해 자기 자신을 변형transformer하고 의식을 짓누르는 케케묵은 과거의 잡동사니들을 치워 버릴 수 있다. 다르게 말하자면, 혁명은 억압받는 계급들의 자기-해방이라는 형태만을 취할 수 있을 뿐이다.

1848년 《공산주의자 선언》에서 마르크스와 엥겔스는 바로 이러한 정신 내에서 프롤레타리아의 운동을 "절대 다수의 이해를 위한 절대 다수의 자율적 운동"으로 정의한다.

억압 받는 자들의 혁명적 자기-해방이 지니는 심원한 민주주의적인 중심적 관념을 20세기 노동자 운동의 두 가지 주요 흐름, 즉 사회민주주의와 스탈린식 공산주의 내에서는 포기했다. 하지만 그럼에도 이 자기-해방이라는 관념은 로자 룩셈부르크에서 에르네스트 만델Ernest Mandel이나 '사회주의냐 야만이냐' 그룹을 거쳐 치아파스의 차파티스타까지 이단적이고 반체제적인 흐름의 사상적 젖줄이 되었다.

# 자본

CAPITAL

마르크스가 집필한 대작의 제목은 《자본》*Le Capital*이다. 마르크스가 직접 출간한 것은 1867년 출간된 1권뿐이며, 2권과 3권은 마르크스가 죽은 후 엥겔스가 출간한 것이다.

이 대작의 주제가 자본주의적 생산양식*에 대한 분석이기 때문에, 《자본》의 핵심 개념이 정확히 자본이라는 점은 전혀 놀랍지 않다. 사실 《자본》이라는 저작의 구성 자체가 자본에 대한 분석을 중심으로 조직되어 있다. 《자본》 1권 2편에서 마르크스는 자본을 **자기-증식 운동에 관여된 가치** **valeur prise dans un mouvement d'auto-accroissement**로 정의한다. 그러므로 우리는 자본에 대한 연구가 가치에 대한 연구를 전제한다는 점을 바로 이해할 수 있다. 가치는 그 자체로 상품* 이론의 기초 개념인 것이다.

만일 우리가 가치 개념을 그 정확한 내용에 대해서 고려하지 않고 받아들인다면, 우리는 일반적인 경제 분석, 그러니까 회계 관행 내에서 통용되는 가치의 총합somme de valeur이라는 용어에 조응하는 방식으로 마르크스가 자본을 가치의 총합으로 정의한다는 점을 발견할 수 있게 된다. 이에 따라 우리는 '자본이 화폐의 총합'이라고 주장할 수 있다. 하지만 이는 전혀 엄밀하지 않은 주장이다. 자본은 가치의 총합이지만 일반적으로 화폐의 총합도 기계도 상품들 전체ensemble도 아니다.

마르크스는 매우 엄밀한 방식으로, 그리고 현실 경제의 관행에 부합하도록, 자본이 **운동** 중인 가치, 그러니까 하나의 형태*에서 다른 하나의 형태로 변화하는 가치라고 정의한다. 자본의 원자atome는 특정한 주어진 시기에 화폐의 형태를 취할 수 있지만, 기업은 예를 들면 원료를 구매하기 위해 이를 지출한다. 그러므로 시장에서 가치는 화폐에서 상품으로 변화한다. 가치가 자신의 형태를 바꾸는 것이다.[1] 가치가 기업 내로 진입하자마자 이 가치는 상품 형태를 잃게 된다. 왜냐하면 기업 내로 진입한 상품의 사용가치는 판매를 위한 것이 아니기 때문이다. 가치는 공장 내로 진입하여 [직접]생산자의 노동이 작용하는 대상이 된다. 바로 여기, 즉 공장에서 우리는 생산수단을 발견할 수 있다(건물과 설비, 기계, 원료, 노동력). 그러므로 가치의 원자는 (원료, 에너지 자원, 기계의 마모, 노동자의 노동력이 지니는 가치 등등으로부터 유래하는 다른 유사한 원자들

---

1  저자의 설명대로 운동 중인 자본은 이 운동 내에서 계속 형태를 변화하는데, 특정한 시기에 하나의 형태를 취하고 있는 자본을 저자는 비유적으로 'atome'이라고 부른다. 조금 어색하더라도 의역하지 않고 '원자'로 직역한다. - 옮긴이

과 같은)(→ '잉여가치' 항목을 보라) 생산물 전체의 다른 원자들과 결합한다. 이 가치의 원자는 그것이 시장에 제시될 때 상품 형태를 취하게 되며, 마지막으로 자본은 종국에는 화폐 형태를 취하게 된다. 이 화폐 형태를 취한 자본은 위와 같은 형태 변화의 순환이라는 유형의 또 다른 새로운 순환으로 재진입할 수 있다. 바로 이것이 **자본의 유통**\*이며 자본에 관한 이론의 첫 번째 측면이다.[2]

하지만 자본은 형태를 변화하는 가치일 뿐만 아니라 또한 이 운동 과정에서 스스로를 증식하는 가치이기도 하며, 바로 이 가치의 증식이 자본가가 지닌 최소한의 목표이다. 여기에서 자본에 관한 이론의 두 번째 측면을 발견할 수 있다. 그것은 바로 **자본의 가치 증식**valorisation du capital(혹은 가치화mise en valeur)이다. 어떻게 가치가 하나의 형태에서 다른 하나의 형태로 변화함으로써 자신을 증식시킬 수 있는가? 우연히 일시적으로 그러한 것이 아니라 자본주의적 생산의 전형적인 일반적 과정으로서 말이다. 이것이 바로 잉여가치\*론의 대상이다.

---

2  '순환'은 'circuit'를 번역한 것이며 '유통'은 'circulation'을 번역한 것이다. 사실 'circuit'의 경우 '순환'보다 '회로'가 조금 더 정확히 직역한 것이기는 하지만, 이미 마르크스주의 내에서 circuit를 순환으로, circulation을 유통으로 번역하는 것이 관행이기 때문에 혼란을 피하기 위해서 관행에 따른다. 참고로, 마르크스주의 경제학에서는 이 복수의 '순환들'이 모여 '유통'을 이루는 것으로 본다. 본서에서는 혼동을 피하기 위해 '유통'으로 통일했으나 'circulation'의 경우 '순환'으로 번역하는 경우도 많다는 점을 독자들이 인지하기를 바란다. - 옮긴이

# 자본 구성

COMPOSITION DU CAPITAL

마르크스는 자신이 '자본 구성'이라 부르는 것을 정의하기 위해 굉장히 많은 노력을 기울인다. '자본 구성'은 불변자본과 가변자본 사이의 관계[즉 비율]에 관한 것이다.(→ '잉여가치' 항목을 보라) 자본의 **기술 구성**composition technique은 한편으로는 원료, 에너지 자원sources d'énergie, 기계, 건물과 같이 이질적인 사물들을, 다른 한편으로는 이 사물들과 마찬가지로 이질적인 노동시간들을 서로 비교하는, (통계 자료의 지표들이 그러하듯) 물리적으로 규정된 수량들 사이의 관계를 확립한다. 자본의 **가치 구성**composition-valeur은 기술 구성과 동일한 관계를 취하지만 그 요소들의 가치가 고려된 관계이다.(→ '상품' 항목을 보라) 마지막으로 마르크스는 자본의 **유기적 구성** composition organique을 정의한다. 자본의 유기적 구성은 가치 구성과 동일한 것이지만 '그 변동들variations이 기술 구성의 변동들을 반영하는 한에서'의 가치 구성이다. 기술 변화에 관한 자신의 분석에서 (명시적으로 이 표현이 등장하는 것은 아니지만) 마르크스가 사용하는 개념이 바로 이 유기적 구성이라는 개념이다.

  그런데 어째서 마르크스는 이 유기적 구성이라는 개념을 통해 자신의 입론을 더욱 발전시키는 것일까? 마르크스가 자신이 자본의 구성 요소들의 가치들이 변동variations함으로써 발생하는 가치 구성의 변동들을 추상[생략]한다는 점을 이야기하고 싶어 하기 때문이다. 예를 들어, 어느 한 기계의 가치는 그 기계를 생산하기 위해 필요한 노동의 생산성이 증가함으로써 감소될 수 있다. 마르크스는 명시적으로 이를 언급하는 경우를 제외하면 일반적으로 이러한 종류의 요인들développements을 고려하지는 않겠다는 점을 지시하는 것이다.

# 자본에 대한 노동의 포섭[1]

SUBORDINATION DU TRAVAIL AU CAPITAL

1860년대 초에 작성한 원고에서, 마르크스는 자본에 대한 노동의 '형식적' 포섭과 '실질적' 포섭을 구분하는 것에 큰 중요성을 부여했다. 마르크스는 권위와 직접적 폭력에 기반한 주인에 대한 노예의 형식적 포섭을 자본가에 대한 노동자의 실질적 포섭(이 실질적 포섭은 형식적 포섭과 분리되어 있는 것이 아니라 형식적 포섭 위에 추가되는 것이다)에 대립시킨다. 자본주의적 생산양식에서, 지배 관계는 매뉴팩처나 [기계제] 대공업과 같은 생산의 '실질적' 조건들 내에 기입된다.(→ '협업' 항목을 보라)

---

1  프랑스어에서는 '자본에 대한 노동의 포섭'이라는 마르크스주의적인 개념을 활용할 때 포섭이라는 의미로 'subordination'과 'subsomption', 그리고 'soumission'이라는 단어를 모두 활용한다. 각 단어의 뉘앙스가 모두 다르지만 여기에서 이에 대해 설명하지는 않겠으며, 아래에서도 구분 없이 옮기겠다. - 옮긴이

# 자본의 유통[순환]

CIRCULATION DU CAPITAL

마르크스는 자본을 운동 내에 관여된, 그리고 이 운동을 따라 스스로의 가치를 증식시키는(→ **'자본' 항목을 보라**) 가치(→ **'상품' 항목을 보라**)로 정의한다. 자본의 증식accroissement과 이 자본의 가치화/가치 증식valorisation을 발생시키는 메커니즘에 관한 연구가 바로 《자본》 1권의 대상이다. 자본이 된 가치의 **운동**은 이 가치가 여러 형태들*로 변화하는 **운동**이다. 그러므로 자본은 화폐*, 상품*, 그리고 '생산자본' 다시 말해 공장 내에서 생산에 필수적인 요소들, 이렇게 세 가지 형태로 존재할 수 있다. 이 세 가지 형태를 우리는 A(화폐), M(상품), P(생산자본)로 표기한다. 마르크스는 이렇듯 자본이 여러 가지 형태로 변화하는 모습을 자본의 순환circuit으로 묘사했는데, 그는 이 순환의 반복을 바로 '회전'rotation이라고 부른다.

　일견 조금은 당황스러워 보이는 이러한 분석틀은 사실 직관적인 것이다. 우리는 자본을 화폐의 총계, 상품들 전체, 혹은 공장의 기계들과 같은 다른 생산 요소들 전체로 정의할 수 없다. 자본 각각의 단편들parcelle, 즉 원자들atome은 한 형태에서 다른 형태로 변화하고 이 변형 과정을 따라 스스로를 보존한다. 예를 들어 우리는 자본의 한 원자를 화폐의 형태로 포착할 수 있다. 그리고 기업이 원료를 구입할 때에 이 원자가 시장에서 원료라는 상품으로 변형되는 것을 확인할 수 있다. 또한 이 원자, 즉 원료가 공장으로 진입하여 노동과 만나고, 이후 시장에서는 상품이라는 모습corps으로 제시되어 자신과 유사한 다른 많은 상품들과 만나게 된다는 점을 확인할 수 있다. 이 상품이 다시 판매되면 이 원자는 화폐의 형태를 되찾게 된다. 마르크스는 (종종 '사이클'cycle이라고도 불리는) 이 순환을 상징적으로 다음과 같이 표현한다.

$$A - M \cdots P \cdots M - A$$

이렇게 순환을 묘사하려고 한다면 우리는 A이든 M이든 P이든 어떠한 형태에서부터 출발해도 상관없을 것이다. 하지만 마르크스는 이 순환의 형상들 혹은 정식들을 '화폐-자본의 순환', '상품 자본의 순환' 혹은 '생산적 자본의 순환'이라는 세 가지 이름으로 지칭한다.

하지만 위의 기호 표시는 자본이 스스로 증식하는 가치라는 점을 보여주지 못한다. 잉여가치*론은 이러한 가치의 증식을 생산과 연결시킨다. 그러므로 이 가치 증식의 장소는 바로 P이다. 마르크스는 이러한 가치의 증가를 '프라임 기호'(')로 표시한다.

$$A - M \cdots P \cdots M' - A'$$

자본의 각각의 원자들이 위에서 언급한 세 가지 형태하에서만 존재할 수 있기 때문에, 어떤 자본 전체total는 주어진 순간 이 세 가지 형태 사이로 분할된다répartit. 이 자본은 한 부분은 화폐의 형태로, 다른 부분은 판매되기를 기다리고 있는 상품의 형태로, 그리고 공장에 있는 세 번째 부분은 생산자본이라는 형태로 존재하고 있다. 이러한 분할répartition의 비율은 서로 전혀 동시에 존재하지 않는 여러 원자들의 형태 변화에 따라 지속적으로 변화한다. [다시 말해 한 원자가 동시에 두 가지 혹은 세 가지 형태를 취할 수는 없다.] 이러한 형태들의 '병치'는 (A라는 형태를 복잡하게 만드는 금융 메커니즘을 고려하지 않는다면) 한 기업의 대차대조표상의 대변actif [즉 자산]을 이룬다. [반면 이와 달리 '가공자본'은 대차대조표상의 차변, 즉 부채를 이룬다.]

　단 하나의 자본 유형[즉 산업자본]만이 위의 정식에 따른 자본의 순환 전체를 온전히 통과한다.(→ '**산업자본**' 항목을 보라)

# 자본의 집적과 집중

CONCENTRATION ET CENTRALISATION DU CAPITAL

마르크스는 자본주의적 생산양식에 대한 논의를 전개prog-ression하면서, 자본가들이 점점 더 부를 축적해 나갈수록 그들이 소유한 기업들이 점점 더 거대해지는 경향을 확인한다. 마르크스는 이를 두 가지 메커니즘으로 기술한다. '집적'이라고 불리는 첫 번째 메커니즘은 몇몇 기업과 자본가 들의 우월한 성과performance로부터 발생하는 것이다. 그리고 이 몇몇 기업과 자본가 들의 자본은 누적 효과로 인해 더욱 빠른 속도로 축적된다. '집중'이라고 불리는 두 번째 메커니즘은 작은 기업들이 큰 기업들에 의해 흡수됨으로써 발생한다.

# 자본주의적 생산양식의 모순들

CONTRADICTIONS DU MODE DE PRODUCTION CAPITALISTE

마르크스에 따르면, 모순들* 전체ensemble가 자본주의적 생산양식*을 가로지르고 있다. 이 모순들 전체는 점점 침예해지며 자신의 '역사성'을 규정한다. 다시 말해 이는 자본주의적 생산양식이 사회의 발전[전개]의 한 단계를 표상할 뿐이라는 사실을 나타낸다. [즉 이 모순들 전체가 표상하는 '역사성'은 자본주의적 생산양식이 영원한 초역사적 양식이 아니라는 점을 보여준다.] 하지만 이러한 모순들 전체를 지양dépassement하는 일은 자동적인 방식으로 발생하는 것이 아니라 억압받는 계급들의 투쟁*으로부터 만들어지는 것이다.

마르크스는 자본주의적 생산양식을 '정체'stagnation라는 관념과 결합하는 대신 생산력의 강력한 발전이라는 관념과 결합한다. 비록 이 발전의 특정한 단계에서 자본주의적 생산관계들이 생산력의 발전과 모순을 빚을 수밖에 없지만 말이다. 마르크스는 이러한 갈등이 특히 이윤율 저하 경향*이라는 효과와 금융 메커니즘의 발전(가공자본*의 증가)이라는 효과 아래 위기들이 증가하고 심화하는 속에서 표현된다고

보는 경향이 있다. 하지만 자본주의적 생산양식의 모순들은 또한 더욱 [심원한] 양면적insidieuse 성격을 띠고 있기도 하다. 즉, 자본주의는 동시에 생산의 사회화*를 야기하기도 하는데, 이것이 자본주의의 뒤를 이을 사회[즉 공산주의 사회]의 기반이 될 것이다. 자본주의는 생산의 거대 단위들과 대도시 내의 노동자들이 [자본주의적 생산의 집합적 성격으로 인해] 재결집regroupement하도록 이끌며, 이로부터 자본주의적 생산양식을 제거하는 투쟁의 물결이 시작되는 것이다.

# 자연

NATURE

'자연주의적' 관점을 채택한 1844년 《경제학-철학 수고》에서든 역사에 대한 유물론적 개념화(→ '유물론'과 '역사' 항목을 보라)를 전개하는 성숙기 텍스트들에서든, 마르크스는 인간 존재와 역사의 자연적 차원의 중요성을 항상 강조한다. 마르크스는 자연을 인간이 그로부터 유래하는 것으로, 사회를 ('인간과 자연의 신진대사'로 간주된 노동을 경유해) 항상 자연과 상호 작용하는 것으로, 역사를 자연의 지속적 변형 과정으로 개념화한다.

마르크스의 저작 《자본》과 그의 서한들은 마르크스가 가진 자연 관념이 그 당시의 자연과학에 강하게 의존하고 있다는 점을 보여준다. 마르크스는 화학으로부터 역동적 힘과 대립이 관통하는 자연이라는 관념을 취한다. 또한 그는 생물학으로부터 조직organisation이라는 관념과 종들의 진화(évolution, 변화)에 관한 이론[진화론]을 취한다. 그리고 농학은 마르크스로 하여금 과학적 인식의 진보가 자본주의가 야기한 파괴된 자연을 다시 회복시킬 수 있을 것이라고 희망하게 해주었다.

마르크스주의 내에서 이러한 관념들은 두 가지 주요한 방향으로 확장된다. 한편으로, 1883년 《자연변증법》이라는 저작에서 엥겔스는 인식의 유물론적 이론(→ **'반영' 항목을 보라**)과 변증법* 이론을 정초하기 위해 자연과학들 사이의 변증법적 종합을 제시한다. 다른 한편으로, 더욱 최근에 여러 저자들(발터 벤야민, 테오도어 아도르노, 에른스트 블로흐)은 공산주의를 (1844년의 《경제학-철학 수고》를 따라) '자연의 부활' résurrection de la nature로 정의하고자 했으며 오늘날 우리가 '생태사회주의*'라 부르는 사상을 발전시킬 수 있게 해주는 다른 주제들에도 관심을 쏟는다.

# 자연주의

NATURALISME

1844년 《경제학-철학 수고》에서 마르크스는 자신의 철학적 관점을 '인간주의*'와 '자연주의'로 제시한다. 이 텍스트에서 마르크스는 자연주의가 유물론과 관념론 혹은 유물론*과 유심론(spiritualisme, 정신주의) 사이의 종합이라고 주장하면서도 이 자연주의를 동시에 '진정한 유물론'으로 정의한다.

마르크스의 자연주의는 다음과 같이 인간 정신의 생산물들이 형성하는 질서에 선재préexiste하는 것의 중요성을 강조하고자 한다. 한편으로 인간 자신이 그 변형된 생산물에 불과할 뿐인 **자연***이 존재하며, 다른 한편으로 **인간적 자연**[본성], 다시 말해 개인들이 역사 내에서 발전시키려 시도하지만 자연의 활동의 연장으로 남아 있는 유적 힘들forces génériques(→ '**유적 존재' 항목을 보라**)의 집합ensemble이 존재한다. 그러므로 이러한 맥락에서 인간주의는 '완전히 전개된[발전된] 자연주의'로 정의될 수 있다.

1844년 《경제학-철학 수고》에서 공산주의*를 인간이 자연으로부터 소외*된 자신을 지양하고 이 자연을 재전유(→

'전유' 항목을 보라)하는 것으로 정의하는 한에서, 동일하게 이 공산주의는 "인간적 본질과 자연 사이의 통일의 완성, 자연의 진정한 부활résurrection, 인간의 완성된 자연주의와 자연의 완성된 인간주의"로 제시될 수 있다.

# 자유

LIBERTÉ

1848년 《공산주의자 선언》에서 프롤레타리아를 지칭하기 위해 마르크스와 엥겔스가 활용하는 단어들은 대부분 자유의 부재를 지시하는 정치적인 의미의 단어들이다. 프롤레타리아는 자신의 **쇠사슬** 말고는 잃을 것이 없는 **억압된** 계급이다. 마르크스와 엥겔스의 여러 저술에서 혁명은 자기-해방*, 다시 말해 자기-자유화autolibération로 정의된다. 일차적인 수준에서 이러한 해방(libération, 자유화)은 경제적인 동시에 정치적인 부르주아적 지배와 관련된 것이다. 하지만 더욱 심원한 방식으로, 이러한 해방은 소외된 역량으로 구성된 자본 자체로부터의 해방, (개인들의 통제로부터 벗어나) 이 개인들을 자본의 전제적 지배하에 복속시키는 낯설고 적대적인 힘으로부터의 해방을 지시하는 것이다. 자기-자유화의 원칙은 노예와 같은 다른 억압된 집단들에게도 마찬가지로 유효하다. 1938년 자신의 저서 《흑인 자코뱅Les Jacobins noirs》에서 흑인 마르크스주의자 시릴 리오넬 로빈스 제임스Cyril Lionel Robins James는 투생-루베르튀르Toussaint L'Ouverture 장군이 이끌었던 아이티 흑인 노예 혁명을 연구한다.

《자본》에서 마르크스는 "고유한 의미의 물질적 생산이라는 영역을 넘어서서" 꽃피우는 자유로운 인간 활동을 지시하면서 공산주의와 사회주의(→ '공산주의' 항목을 보라)를 "자유의 왕국"으로 정의한다. 이 자유의 왕국으로 나아가는 길을 열어주는 것은 **노동시간의 단축**으로, 이는 인간 존재들과 그들의 능력을 "모든 방향으로" 자유롭게 발전시킬 수 있게 해준다.

많은 마르크스주의자들(특히 공산주의 운동 내의 마르크스주의자들)에게 자유는 더욱 중요한 가치를 지닌 평등을 위해 희생될 수 있는 것이다. 하지만 마르크스주의자 로자 룩셈부르크는 이러한 견해에 반대했다. 1918년 독일의 감옥에서 집필한 러시아 혁명에 관한 소책자에서 룩셈부르크는 다음과 같은 예언적인 주장을 전개했다. "정부의 지지자들만을 위한, 당의 구성원들만을 위한 자유는, 이들의 수가 아무리 많다고 할지라도, 자유가 아니다. 항상 자유라는 것은 다르게 사고하는 이의 자유이다. (…) 언론과 제한 없는 결사 réunion의 자유 없이, 자유로운 의견투쟁 없이, 삶은 모든 국가 publiques 제도 속에서 시들어 버릴 것이고 더 이상 성장하지 못할 것이다. 그리고 관료제만이 유일하게 살아 있는actif 요소로 남게 될 것이다."

# 자주 관리

AUTOGESTION

《자본》 3권에서 마르크스는 사회주의(→ '공산주의' 항목을 보라)를 "연합 생산자들이 자연과 자신들 사이에서 이루어지는 교환을 합리적으로 조절règlent"하는 사회로 정의한다. 그러므로 자주 관리는 사회주의의 핵심적인 측면이다. 바로 연합한 생산자들, 연합한 노동자들, 연합한 개인들이 그들 스스로 자신들의 경제적, 사회적 혹은 정치적 활동을 관리하는 것이다. 하지만 이 자주 관리라는 개념은 또한 자본주의 사회에서 벌어지는 투쟁에 적용되기도 한다. 파업과 사회 투쟁의 자주 관리, 공장에 대한 노동자 관리contrôle ouvrier, 해당 기업의 운영을 책임지는 노동자들 스스로에 의한 기업 전유가 그것이다.

자주 관리를 쟁취하기 위한 운동은 마르크스에게서뿐만 아니라 또한 자유 사상가들(피에르 조제프 프루동Pierre-Joseph Proudhon)의 사상과 혁명적 노동조합주의[생디칼리즘]로부터도 영감을 얻었다. 1948년 이후 유고슬라비아의 자주 관리 경험은 몇 십 년간 지속되었다. 이 자주 관리의 경험은 노동자들로 하여금 기업의 운영을 책임질 수 있도록 해주었다. 기존의 기업 운영이 지니는 한계는 민주주의적이지 못한 정치 권력의 특징과 경제적 교환에 대한 시장 지배 때문인 것으로 간주되었다.

프랑스에 상당한 영향력을 미친 자주 관리적 흐름이 1960년대 동안 CFDT 노동조합[1]과 통합사회당 내에서 형성되었다. 1970년대 동안 이 흐름은 사회당의 '두 번째 좌파'Deuxième Gauche 내에서 결국 해체되었다. 이봉 부르데Yvon Bourdet, 다니엘 게랭Daniel Guérin, 앙리 데스로슈Henri Desroche, 앙리 르페브르와 같은 저자들의 참여로 1966년 만들어진 〈자주 관리 Autogestion〉라는 이름의 잡지는 자주 관리의 개념과 그 다양한 경험에 대한 체계적 성찰을 가능케 했다. 해당 기업의 노동자들이 그 기업을 관리하는 실험은 1961년에서 1965년까지 알제리에서, 다른 이들보다도 미셸 랍티스Michel Raptis(일명 파블로Pablo)라는 그리스 마르크스주의 지도자의 주도로 이루어졌으며, 칠레에서는 인민연합이 권력을 잡았던 몇 년간, 그리고 1970년에서 1973년까지 살바도르 아옌데가 집권한 동안, 프랑스에서는 1970년대 동안 공장 리프Lipp에서, 더욱 최근에는 2000년대 초 아르헨티나에서 행해졌다.

---

1 CFDT는 confédération française démocratique du travail의 약자로, 한국어로는 '프랑스 민주 노동 동맹'이다. - 옮긴이

# 재생산

REPRODUCTION

마르크스는 '재생산'이라는 용어를 다양한 의미로 사용한다. 여기에서 우리는 자본의 축적*과 관련된 재생산 개념을 논한다. 축적이란 잉여가치*의 일부분이 이미 지출된 자본의 증가를 위해 투입되는 메커니즘을 기술하는 용어이다. 마르크스는 이러한 증가가 발생한 경우를 자본의 '확대재생산'이라고 부른다. 이러한 축적이 전혀 이루어지지 않는 경우(하지만 이러한 경우를 특권화할 이유는 전혀 없다. 현실 경제에서 대부분의 자본가들은 자본의 확대재생산을 목표로 하기 때문이다)는 '단순재생산'이라고 불린다. '단순재생산'의 경우는 축적을 추상[생략]한, 단순화를 목적으로 한 가정이다. (하지만 이러한 가정은 논의에 상당히 큰 영향을 미친다) 이러한 틀 내에서 우리는 여러 문제들을 다룰 수 있다.

《자본》 2권에서 행한 자본의 재생산에 대한 연구를 통해 마르크스는 '재생산 표식'을 도입한다. 가장 단순한 틀 내에서, 마르크스는 두 부문으로 이루어진 하나의 경제를 상정하고 단순재생산을 가정한다. 첫 번째 부문인 부문 I은 생산 요소, 즉 생산에 필수적인 재화들을 생산한다. 두 번째 부문인 부문 II는 노동자와 자본가가 구매하는 소비재들을 생산한다. 상품*은 자신이 지니는 가치에 비례한 가격으로 교환된다고 가정된다. 물론 이러한 가정은 논의의 결과에 그 어떠한 영향도 미치지는 않는다. 모든 수입, 즉 노동력의 가치와 잉여가치는 사용된다. 다시 말해 [단순재생산을 가정했으므로] 축장도 투자도 신용도 존재하지 않는다. 불변자본을 c로, 가변자본을 v로, 잉여가치를 plus-value의 pl(혹은 survaleur의 sv)로 표기해보자. 예를 들어 부문 I에서 사용된 불변자본은 Ic로 표현한다. 그러므로 각 부문에서 생산된 가치는 Ic + Iv + Ipl과 IIc + IIv + IIpl이다.

마르크스가 주목하는 바는 국민회계, 특히 한 경제의 총생산에 대한 정의가 기술하는 관계들이다. 모든 생산물이 판매된다는 가정으로부터 몇 가지 관계가 도출된다. 부문 I은 [생산 요소를 생산하는 부문이므로] 부문 I 내에서 구매되는 생산 요소들을 모두 생산한다. 그러므로 부문 I은 그 가치가 Iv + Ipl인 생산 요소들을 판매할 수 있는 판로를 찾아야만 한다. [다시 말해 Ic는 자기가 생산하고 자기가 소비하므로 나머지 Iv + Ipl을 팔 곳을 찾아야 한다는 의미다. 참고로, 당연히 단순재생산을 가정했으므로 Ic 이외에 다른 불변자본이 존재할 이유는 없다.] 이 생산 요소들의 유일한 구매자는 바로 II 부문이다. 그러므로 이를 통해 우리는 다음과 같은 필연적 관계를 나타내는 등식을 얻게 된다.

$$IIc = Iv + Ipl$$

우리는 이러한 등식이 부문 I의 판로들뿐만 아니라 부문 II
의 판로들 또한 확보한다는 점을 확인할 수 있다. 왜냐하면
만일 이러한 관계가 성립한다면, 이 부문 II의 총생산은 [IIc
+ IIv + IIpl 에서 위의 등식에 따라 IIc = Iv + Ipl 이므로 IIc 대
신 Iv + Ipl을 대입하면] Iv + Ipl + IIv + IIpl, 즉 총수입과 동
일해지며, 이는 단순재생산이라는 가정에 따라 전체 소비와
동일하기 때문이다. 사실 마르크스는 여기에서 총수입('추가
된 가치'[부가가치])과 동일한 가치를 지니는 '생산물'(말하자
면 '국민 [전체의] 생산물'[국민총생산])에 대한 정의[주류경제학
에서 기본적으로 제시하는 국민총생산 GNP와 국내총생산 GDP에
대한 정의]와 전혀 다르지 않은 생산에 대한 정의를 제시하고
있는 것이다. 이러한 분석에서 마르크스는 애덤 스미스를
부당하게 비판하는데, 그러나 어쨌든 아마 마르크스가 이러
한 관계를 엄밀히 규정한 최초의 인물일 것이다.

이 재생산 표식의 더욱 정교화된 형태는 노동자들의 소
비재 생산을 자본가들이 소비하는 '사치재' 생산과 분리함
으로써 세 가지 부문을 구별하는 것이다. 마지막으로 마르
크스는 확대재생산 가정을 도입한다. 마르크스는 국민회계

의 틀을 정교화하기 위한 이러한 매우 야심찬 확대재생산 가정을 성공적으로 완성하지는 못한다. 특히 그는 화폐*의 흐름, 다시 말해 서로 다른 행위자들에 의해 소비된 화폐가 유통되는 경로들을 추적하려고 시도한다.

# 전유

APPROPRIATION

마르크스에게서 전유라는 관념은 처음에는 소외\*의 철학과 관련된 것이었다. 그러므로 이러한 맥락에서 전유는 마르크스에게서 지양dépassement을 의미한다.[1] 하지만 [성숙기 마르크스의 저작인] 《자본》에서 전유는 수탈자의 수탈expropriation des expropriateurs을 의미한다.

본서의 '소외' 항목에서 설명하듯, 〈1844년 원고〉에서 정식화되는 소외 개념은 인간 활동과 그 객관적 조건들 사이의 관계가 취하는 특정한 유형과 조응하는 자기의 박탈dépossession de soi을 지시하는 것이다. 사실 마르크스는 외부 세계에서 자신의 기본적 이해를 충족할 수 있는 수단들을 찾는 한에서만 인간이 자신의 본질적 힘을 발전시킬 수 있다고 생각한다. 이로부터, 인간이 (특히 노동을 통해) 항상 외

---

1    헤겔의 개념인 독일어 Aufhebung의 프랑스어 번역어는 dépassement과 relève 두 가지이다. dépassement에는 지양보다는 초월과 극복이라는 의미가 강하다. 하지만 여기에서 dépassement은 마르크스가 헤겔 철학으로부터 받아들인 헤겔의 개념을 의미하므로 '지양'이라고 옮겼다. - 옮긴이

부 세계에 대한 전유 활동을 수행한다는 결론이 도출된다. 반대로 만일 외부 세계가 인간 고유의 본성*에 대한 일종의 자연적 확장prolongement으로 나타나기를 멈춘다면, 그때 인간은 자신의 본성으로부터 박탈당한 자신을 발견하게 된다.

이로부터, 소외 비판과 짝을 이루는 것이 인간 고유의 본성에 대한 재전유, 그리고 인간 고유의 본성이 지니는 본질적 측면들을 발전시킬 수 있게 해주는 모든 조건들에 대한 재전유 기획이라는 결론이 도출된다. 〈1844년 원고〉가 공산주의*라고 정의하는 바가 바로 정확히 소외 전체에 대한 지양, 그리고 '유적 존재'être générique*와 그 객관적 조건들의 재전유이다. 그러므로 마르크스의 이러한 기획에서 공산주의는 부의 더욱더 공정한 재분배를 보장하기 위해서만 사적 소유의 부정을 요구하는 것이 아니라, 또한 사적 소유가 소외의 서로 다른 형태의 기원이기 때문에 사적 소유의 부정을 요구하는 것이기도 하다. 그러므로 공산주의적 기획은 인간 존재(existence, 실존)의 차원 전체에 대한 집합적 재전유 réappropriation collective 기획이다.

1845년 이후, 그러니까 성숙기 마르크스에게서 공산주의는 소외/전유라는 쌍으로 정의되기를 멈추지만, 그럼에도 전유라는 관념은 결정적 기능을 지속적으로 수행한다. 《자본》 마지막 장에서 자본주의적 생산의 역사적 경향은 항상 더욱 증가하는 다수의 개인들에 의한 개인적 소유의 수탈 운동으로 제시된다. 그러므로 이러한 수탈 운동 내에서는 생산과 교환의 수단들을 집합적으로 재전유하기 위해 수탈자를 수탈하지 않을 수 없게 된다. 부의 재전유뿐만 아니라 집합적 삶의 제도들과 서로 다른 양태들의 재전유는 오늘날에도 여전히 마르크스주의를 훨씬 넘어서는 공산주의의 구호로 남아 있다.

# 정치
POLITIQUE

마르크스에게서 정치 관념은 국가*에 의한 사회의 조직화와 항상 연관되어 있다. 그러므로 마르크스의 정치 비판은 항상 국가에 대한 비판 위에 기초해 있으며, 또한 '정치의 종언'이라는 관념은 엥겔스가 국가의 '소멸'extinction이라 부르는 기획과 연관되어 있다.

1844년의 〈독불연보〉에서, 마르크스는 "정치적이기만 한" 해방, 다시 말해 국가의 구성원으로서의 인간에게만 관계된 해방으로 개념화된 정치적 해방*이 지니는 한계들을 강조한다. 그러므로 마르크스의 정치 비판은 '정치적 추상'(즉 이러한 해방이 지니는 추상적 특징)과 '정치적 허상'(이러한 해방을 유일한 진리로 만드는 국가가 만들어내는 허상)에 대한 비판을 핵심으로 한다.

《독일 이데올로기》, 《철학의 빈곤》, 《공산주의자 선언》 그리고 〈고타 강령 비판〉과 같은 성숙기 저작에서 '정치적 허상'에 대한 비판은 새로운 형태를 취하게 된다. 마르크스의 비판 대상은 이제 국가를 지배 계급을 위해 복무하는 억압적 도구가 아닌 일반 이해의 대변자로 만드는, 국가가 만들어내는 허상이다. 이를 통해 마르크스는 정치와 계급투쟁* 사이에 이중적 관계가 존재함을 확인하게 된다. 한편에서 정치는, 심지어 이 정치가 명백히 자율적인 국가적 형태를 취할 때조차도, 계급투쟁과 항상 연관되어 있다. 다른 편에서, 마르크스는 '모든 계급투쟁이 정치 투쟁'이라는 점을 강조한다. 그러므로 마르크스는 사회 투쟁을 위해 정치 투쟁을 상대화하는 것이 아니다. 그와는 정반대로, 마르크스는 공적 역량을 사회의 집합적 조직을 위해 복무하도록 만듦으로써 국가 권력을 변형하기 위해 이 국가 권력을 쟁취하는 것이 필수적이라고 판단한다.

그러므로 정치의 종언이라는 관념은 계급투쟁의 종말disparition과 [대중으로부터] 분리된 공적 역량으로서의 국가의 소멸extinction을 동시에 지시하는 것이다.

# 제국주의

IMPÉRIALISME

예를 들어 '로마 제국주의'라는 표현처럼, 제국주의라는 개념은 일반적으로 더 발전한 국가가 덜 발전한 국가를 다양한 메커니즘을 통해 지배하고 '착취'하는 국제적 위계질서를 지시한다. 근대적인 제국주의 개념은 존 앳킨슨 홉슨John Atkinson Hobson이 1902년에 펴낸 선구적인 저서 《제국주의》를 통해 20세기에 등장하게 된다. 이 저서에서 홉슨은 자유경쟁 자본주의에서 독점자본주의로의 이행과 제국주의의 동역학dynamique 사이의 관계를 해명한다. 오스트리아의 마르크스주의 경제학자인 루돌프 힐퍼딩은 1910년 《금융자본》에서 금융자본의 지배하에서 산업자본과 금융자본의 융합이라는 관점을 통해 제국주의의 갑작스런 등장을 설명한다. 조금 지나서 로자 룩셈부르크는 1911년 저서 《자본의 축적》에서 식민지적이고 제국주의적인 팽창을 자본이 전前자본주의적인 시장과 경제를 정복하기 위한 필요의 결과로 분석한다. 마지막으로, 레닌은 1916년 저서 《제국주의, 자본주의의 최고 단계》를 통해 홉슨과 힐퍼딩의 작업, 그리고 니콜

라이 부하린과 다른 이들의 작업을 정치적 관점에 더욱 초점을 맞추어 종합한다. 레닌의 이 저서는 마르크스주의 투쟁가들에게 제국주의와 관련한 핵심적인 참조점이 된다. 레닌이 제시하는 제국주의에 대한 정의는 다음과 같다. "제국주의는 독점체와 금융자본의 지배가 확립되는, 자본 수출이 일차적 중요성을 획득하게 되는, 국제주의적 트러스트들 사이의 세계 분할이 시작되는, 그리고 가장 거대한 자본주의 국가들 사이에서 세계 전체의 분할이 완성되는 그러한 발전 단계에 도달한 자본주의이다."

1945년 이후 폴 스위지와 폴 바란은 북아메리카의 독점 자본에 대한 분석을 통해, 에르네스트 만델은 다국적기업들이 지배하는 후기자본주의에 대한 분석을 통해, 안드레 군 더 프랑크는 라틴아메리카를 대상으로 하는 종속이론과 '저발전의 발전'에 관한 이론을 통해, 마지막으로 이매뉴얼 월러스틴은 자본주의적 세계 체계에 관한 분석을 통해 마르크스주의적 제국주의론을 현재화한다.

# 종교

RELIGION

일반적으로 종교에 관한 마르크스주의의 개념화는 1844년
〈헤겔 법철학 비판 서문〉에 등장하는 "종교는 인민의 아편
이다."라는 정식으로 요약되곤 한다. 하지만 이 조롱 섞인
표현이 마르크스에게 고유한 것은 아니다. 우리는 이 표현
을 마르크스 이전의 여러 저자들에게서도 찾아볼 수 있다.
이 저자들 중에는 마르크스의 친구인 모제스 헤스와 하인리
히 하이네Heinlich Heine도 포함된다.

나중이 되어서야, 그리고 특히 1846년 《독일 이데올로
기》에서야 비로소 **역사적 현실**로서의 종교에 대한 고유한
마르크스주의적인 연구가 시작된다. 이러한 종교적 사실들
에 대한 마르크스주의적인 새로운 분석 방법의 핵심 요소는
이 종교적 사실들을 (법, 도덕, 형이상학, 정치 관념 등등과 결합
하여) **이데올로기**\*의 다양한 형태들 중 하나로 간주하는 것
이다. 모든 이데올로기와 마찬가지로, 종교는 역사적 생산
물이다. 하지만 종교는 또한 사회적 변형에 영향을 미칠 수
도 있다. 그러므로 《자본》과 1857~1858년 《정치경제학 비

판 요강》에서 우리는 자본주의의 기원(→ '역사' 항목을 보라)에서 프로테스탄티즘이 행한 역할에 관한 흥미로운 언급들을 발견하게 된다.

확고한 무신론자였던 마르크스와 달리, 엥겔스는 계급 투쟁*의 관점에서 종교 운동의 반체제적 차원에 대한 연구에 관심을 기울인다. 이 점에서 볼 때 엥겔스의 가장 중요한 저술은 1850년 《독일 농민 전쟁》이다. 이 저술에서 엥겔스는 16세기 초 독일에서 일어났던 농민 봉기와 이 봉기의 중심적 인물인 혁명적 신학자 토마스 뮌처Thomas Münzer를 연구한다. 엥겔스는 토마스 뮌처를 공산주의*의 선구자로 간주한다.

엥겔스의 작업은 (사회-경제적 측면에서) 다소 환원론적인 방향으로 경도되었던 카를 카우츠키의 작업으로, 그리고 또한 (카우츠키와 달리) 종교적 믿음의 상대적 자율성과 그 유토피아적 잠재력을 강조하는 에른스트 블로흐의 작업으로 이어진다. 하지만 블로흐가 칼뱅을 '종교로서의 자본주의' 혹은 '맘몬의 교회'[1]의 정초자로 비난하는 것과 달리 안토니오 그람시는 프로테스탄트적 종교개혁을 미래의 도덕적이고 지적인 사회주의 개혁의 범례로 간주하면서 이 프로테스탄트적 종교개혁에 깊은 찬사를 표한다.

---

1    Mammon, 즉 맘몬은 '황금 신' 혹은 '(악의 근원으로서의) 부 또는 재물'을 의미한다. '배금주의'에서 '배금'이 불어로 'culte de Mammon'이다. - 옮긴이

# 좌파

GAUCHE

정치에서 '좌파'라는 단어의 기원은 프랑스 대혁명으로 거슬러 올라간다. 프랑스 대혁명 이후의 제헌의회에서 왕의 거부권에 반대하는 이들[특히 로베스피에르]은 반원형의 계단식 회의실의 왼쪽에 앉았으며, 여기에서 좌파라는 단어가 유래했다. 20세기 동안 이 좌파라는 용어는 노동자 운동으로부터 탄생한, 평등의 가치를 지지하고 자본주의를 비판하는 사회주의와 공산주의의 흐름들을 특히 지시하게 된다. 좌파라는 용어는 정확한 내용을 가진 개념은 아니며, 오히려 정치적 장 내의 상대적 위치를 기술하는 용어이다. 그래서 제2차 세계대전이 끝난 1945년 이후 노동당은 좌파 정당이었으며, 그 노동당 내부에 '노동당 좌파'가 존재했다. 반면이 '노동당 좌파'의 바깥에는 공산주의 혹은 트로츠키주의 집단들[즉 노동당 좌파의 좌파]이 소수파의 위치를 차지했다. 1989년부터 노동당과 사회민주주의의 일부 세력(→ **'공산주의'** **항목을 보라**)은 더 이상 스스로를 '좌파'로 정의하지 않고 '새로운 중도'라는 정식으로 정의하기 시작한다. 좌파와 우파 사이의 구별은 그 부정확한 특징에도 불구하고 여전히 오늘날까지 세계 대부분 국가에서 정치적 장을 규정하고 있다.

'좌익주의'라는 용어는 레닌의 유명한 1920년 소책자인 《좌익주의, 공산주의의 소아병》에서 개량주의라는 이유로 선거 참여와 노동조합 참여를 거부했던 공산주의 운동의 소수파를 비판하기 위해 사용되었다. 이 좌익주의라는 용어는 68혁명 동안 혹은 그 이후 프랑스 공산당이 극좌파적인 의회 외부 집단들(트로츠키주의*, 마오주의* 혹은 아나키즘)을 비판하려는 목적으로 다시 한번 활용했다.

온건 좌파는 종종 **중도 좌파**로도 불린다. 반면 급진 좌파 혹은 극좌파는 자신을 혁명적 좌파 혹은 '좌파 중의 좌파' 혹은 더욱 최근에는 **반자본주의 좌파**로 스스로를 지칭한다.

# 지대

RENTE FONCIÈRE

《자본》 3권의 초반부에서 제시된 것처럼, 마르크스의 경쟁*
이론은 시장가격이 생산가격, 다시 말해 부문들 사이에 균
등한 이윤율*을 보증하는 가격이라는 중력의 중심[축] 주위
를 움직인다고 가정한다. 이러한 마르크스의 분석은 토지와
같이 소유자들이 전유할 수 있는 자연 자원의 존재를 추상
[생략]한다. 마르크스는 《자본》 3권의 마지막 부분에서 자신
의 지대 이론을 통해 이 공백을 메운다.

　이 메커니즘을 이해할 수 있는 가장 단순한 틀이 바로
'차액 지대 유형 I'이다. 서로 다른 비옥도를 가진 두 개의 토
지를 가정해보자. 이 두 토지의 면적은 동일하며 자본주의
적[자본가적] 농업가들은 가령 100(동일한 하나의 화폐 단위를
가정하자)을 동일하게 자본*으로 투자한다. 토지 A는 100(동
일한 하나의 수량 단위를 가정하자)의 밀 수확량을 생산해내고,
가령 1.2라는 동일한 밀 가격으로 팔린다. 그러므로 그 가치
는 100×1.2, 즉 120이다. 토지 B는 더 비옥하다. 토지 B의
밀 수확량에 따른 가치는 140이다. 그러므로 우리는 토지 A

의 농업가의 이윤율이 20퍼센트이며 토지 B의 농업가의 이윤율이 40퍼센트라는 점을 이해할 수 있다. 만일 이 경제의 (부문들 사이에서 동일한) 일반 이윤율이 20퍼센트라면, 토지 A의 농업가가 취하는 이윤은 만족스러운 것이다. 반면, 만일 토지 B의 농업가가 이 토지의 소유자라면[즉 지대를 낼 필요가 없다면] 그는 독보적인 수준의 이윤율을 취하는 것이다. 하지만 여기에서 우리는 이 토지 B의 농업가가 토지의 소유자가 아닌 일반적인 경우를 상정한다. 그러므로 이 토지 B의 소유자는 토지세, 즉 지대를 요구할 수 있다. 이 토지 B의 소유자는 토지 B의 농업가에게 20을 요구할 수 있다. 왜냐하면 만일 토지 B의 소유자가 20 이상의 지대를 요구할 경우, 토지 B의 농업가는 자신의 자본을 다른 곳(농업에 투자하거나, 만일 그가 그럴만한 능력이 있다면 농업과는 다른 부문에 투자하거나)에 투자할 수밖에 없기 때문이다. 그러므로 차액 지대는 비옥도의 차이로부터 결과하는 수익성의 격차로부터 유래하는 것이다. 자신의 이득을 취하는 방식으로 토지 소유자는 비옥도의 차이에서부터 결과로 나오는 수익성의 잠재적 불균등성을 '보정'한다.

'차액 지대 유형 II'는 우리가 동일한 것으로 가정할 수 있는 여러 토지들에 상당한 수준의 투자가 이루어지는 경우와 관련된다. 예를 들어, '차액 지대 유형 I'의 경우와 마찬가지로 토지 A의 농업가는 처음에 100을 투자한다면 이는 토지 A의 농업가에게 100의 수확량을 얻을 수 있게 해주며 (그대로 밀의 가격이 1.2라면) 이는 그에게 20의 이윤을 가져다준다. 하지만 만일 밀의 수요가 증가하고 이로 인해 밀의 가격 또한 증가한다면, 이 경우 비옥도를 고려한다면 활용 가능한 토지는 충분하지 않게 된다. 그러므로 토지 A의 농업가는 예를 들어 비료를 가지고 토지를 더욱 비옥하게 만들어서 토지에 100의 두 배, 즉 200을 투자한다. 하지만 추가적인 자본 100은 이 토지 A의 생산량을 60퍼센트밖에 증가시키지 못한다. 그렇기 때문에 이 경제의 다른 부문들에서 이윤율이 동일하게 20퍼센트라면, 이 농업가는 밀의 가격이 2로 올라가는 경우에만 이렇듯 100이라는 추가적인 자본을 투자할 유인을 가지게 된다. [조금 더 자세히 살펴보자.] 밀의 가격이 2라면, 100만을 투자할 경우 토지 A의 농업가는 200만큼의 수익을 얻어 100의 이윤을 얻을 것이다. 200을 투자할 경우 그는 160의 밀 수확량을 획득하고 이를 팔아 160×2, 즉 320에서 200을 뺀 총이윤 120을 얻을 것이다. 그러므로 새롭게 투자한 100에 대한 이윤은 20(즉 120-100)이며, 곧 그는 일반적이라고 판단되는 이윤율에 도달한 것이다. [그렇기 때문에 가격이 2로 올라갈 때에만 토지 A의 농업가는 100이라는 자본을 추가로 더 투자할 유인을 가지게 되는 것이다.] 하지만 여기에서 토지 소유자가 80의 지대를 요구함으로써 또 다시 이윤율을 '균등화'하는 역할을 수행할 가능성이 있다. 이 경우 토지 A의 농업가는 40의 이윤을 가져가며, 이 40은 [자본 100당 20의 이윤이므로] 200을 투자한 모든 자본가가 만족스럽다고 평가해야만 하는 이윤 총액이다. 밀 가격의 상승은 [토지 농업가가 아닌] 토지 소유자의 이윤을 증가시켰다.

차액 지대는 유형 I과 유형 II 사이의 결합이다. 일반적으로는 자본가들 사이의 이윤율의 균등화가 불가능한 하나의 경제 내에서, 소유자들이 전유할 수 있는 자연 자원들(이 자연 자원들의 향유는 더 높은 이윤율의 성취를 가능케 한다. 그러나 이 자연 자원은 재생 불가능하다. [이 절의 논의에서 중요한 것은 아니다.])의 존재로 인해, 이러한 균등화는 초과분[초과 이윤]을 이 자연 자원의 소유자에게 이전시킴으로써 실현된다고 우리는 대체적으로 주장할 수 있다.

마르크스는 소유자가 어떠한 지대도 요구할 수 없어 이 소유자가 자신의 토지를 세를 주지 않는 경우를 의미하는 **절대 지대**에 대해서도 언급한다.

# 진보

PROGRÈS

마르크스와 엥겔스가 19세기에 지배적이었던 진보 이데올로기의 자장으로부터 항상 벗어날 수 있었던 것은 아니었다. 예를 들어, 영국의 인도 식민화에 관한 1853년의 글들에서 마르크스의 입장은 영국의 범죄와 야만적 행위에도 불구하고 그 식민화가 인도에 자본주의적 생산의 힘을 도입하는, 그리고 아시아의 (정체되어 있던) 사회 상태에 진정한 혁명을 야기하는 '무의식적 도구'였다는 것이다. [물론] 거대한 사회 혁명에 의해 부르주아 사회가 폐지되어야만이, "인류의 진보는 학살된 자들의 두개골로만 감미로운 과일주를 마실 수 있는 이 추잡한 이교도적 우상을 닮기를 멈출 수 있을 것이다." 이 지점에서 마르크스의 논의는 헤겔적 역사철학의 '이성의 간지'와 그리 멀리 떨어져 있지 않다.

하지만 《자본》에서 정복 전쟁과 식민화에 대한 분석은 [위에서 본 바와 같은] 그 어떠한 목적론적 정당화 없이 자본의 **본원적 축적**의 유혈 낭자한 과정의 비인간적이고 야만적인 특징에 대한 비판을 중심으로 한다. 위대한 저서 《자본》

에서 마르크스는 일반적인 방식으로 자본주의 내에서 "각각의 경제적 진보는 동시에 사회적 재앙이기도 하다"고 주장한다.

우리는 이러한 유형의 긴장을 20세기 마르크스주의의 여러 조류들에서 확인할 수 있다. 발터 벤야민은 1930년대에 쓴 미완성 저서인 《아케이드 프로젝트》에서 "부르주아 사상의 습관"에 반대되는, "자기 자신 안의 진보 관념을 철폐한 역사유물론"을 명시적으로 제시했던 몇 안 되는 마르크스주의자들 중 한 명이었다. 벤야민의 영향을 받아, 테오도어 아도르노와 막스 호르크하이머는 1946년 공저 《계몽의 변증법》에서 단선적인 인간 진보에 관한 모든 관념들로부터 자신들의 사상을 거리를 둔다.

생태사회주의*는 마르크스주의 전통 속에서 여전히 매우 강한 현재성을 띠고 있는 진보 이데올로기의 또 다른 측면, 즉 사회주의를 통한 생산력의 무제한적 발전을 비판한다.

# 철학

PHILOSOPHIE

마르크스는 철학과 다양한 유형의 관계들을 맺어 왔다. 1844년 〈독불연보〉에서 마르크스는 '비판* 철학'이라는 관념을 옹호하는 것에서부터 이 관계를 시작한다(1843년 9월 루게Ruge에게 보낸 편지). 마르크스는 '철학의 실현'이라는 기획을 표현한다. "당신은 철학을 실현하지 않고 철학을 제거할 수 없"으며, "철학을 제거하지 않고 철학을 실현할 수 없"다(1844년 〈헤겔 법철학 비판 서문〉). 1845년 〈포이어바흐에 관한 테제〉 중 열한 번째 테제는 다음과 같다. "철학자들은 세계를 다양하게 해석해왔을 뿐이다. 중요한 것은 세계를 변화시키는 것이다." 그리고 이보다 더욱 급진적으로, 1846년 《독일 이데올로기》에서는 다음과 같이 주장한다. "[철학으로부터-저자] 즉시 탈출해 일반적[보편적인 현실의] 인간으로서 현실에 대한 연구를 시작해야 한다." 이러한 비판을 통과함으로써, 우리는 과학에 대한 방법론적 성찰과 이 과학이 산출하는 결과를 종합하는 기능을 수행하는 철학 이외의 다른 철학으로는 돌아올 수 없게 된다.

철학이라는 질문을 이러한 방식으로 제시함으로써, 마르크스는 마르크스주의에 하나의 문제의 형태로 철학을 남겨주었던 것이다. [마르크스주의] 철학자들은 이 문제를 서로 다른 방식으로 접근했다. 엥겔스는 마르크스의 철학적 관념들의 위대함을 명확히 해명하고자 노력했던 반면, 동시에 철학을 자연과학이 산출해내는 결과들에 대한 단순한 종합으로 환원하는 것처럼 보이기도 했다. 이후 다양한 저자들은 철학의 비판적 기능이 지니는 이론적이고 정치적인 중요성을 강조함으로써(카를 코르쉬Karl Korsch의 경우) 철학을 청산해 버리는 것이 초래하는 위험성을 비판했다. 대부분의 마르크스주의 철학자들은 (게오르그 루카치와 안토니오 그람시와 같이) 새로운 철학을 등장시키기 위해 노력함으로써, 혹은 (프랑크푸르트 학파와 같이) 철학의 새로운 실천의 독창성을 강조함으로써, 철학을 옹호하는 임무를 스스로에게 부여했다. (루이 알튀세르와 같은) 다른 이들은 마르크스가 철학과 '절단'coupure 함으로써 획득하는 철학적 의미를 명확히 해명하기 위해 노력하기도 했다.

# 체게바라주의

GUÉVARISME

체게바라주의라는 용어는 아르헨티나의 의사이자 쿠바 게 릴라 사령관이 된 에르네스토 체 게바라(1928~1967)라는 인 물과 그의 사상을 지칭하는 용어이다. 체 게바라는 피델 카 스트로의 지휘하에 쿠바의 풀헨시오 바티스타Fulgencio Batista 의 독재를 1959년 무너뜨렸으며 혁명 정부에서 산업부 장관 을 지냈다. 산업부 장관을 지내면서 그는 공산주의*에 대한 더욱 근본적이고 급진적인 개념화라는 이름으로 소비에트 경제 모델을 비판했다. 체 게바라는 볼리비아에서 새로운 게릴라 운동을 전개하기 위해 1965년 자신의 직책에서 물러 났다. 1966년 집필한 마지막 글인 '삼대륙 회의에 전하는 메 시지'에서 체 게바라는 라틴아메리카에서의 자신의 투쟁에 대한 비전을 다음과 같이 표현했다. "다음의 두 가지 이외에 우리가 수행해야 할 다른 혁명이란 존재하지 않는다. 사회 주의적 혁명이거나 왜곡된caricature 혁명*이거나." 체 게바라 는 볼리비아 군부독재에 의해 투옥되어 1967년 10월 8일 처 형당했다.

체 게바라의 사상, 그중에서도 특히 혁명의 사회주의적 특징과 전투 방법으로서의 게릴라전에 대한 사상은 혁명적 좌익* 조류들, 특히 라틴아메리카의 좌익 조류들에 의해 채택되었다. 칠레의 혁명적 좌익 운동MIR, 아르헨티나의 인민혁명군ERP, 볼리비아의 인민해방군ELN 그리고 우루과이의 투파마로스Tupamaros 운동은 체 게바라를 표방하는 혁명적 연합 정부를 1974년에 구성했다. 이 체 게바라주의 운동 대부분은 1970년대 동안 코노 수르[1]의 군부독재 정권들에 의해 파괴되었다.

최근 우리는 라틴아메리카에서, 예를 들어 치아파스의 차파티스타 운동 혹은 브라질의 무토지 농민 운동MST과 같은 여러 운동에서 더욱 넓은 의미의 혁명적 급진성을 지닌 체 게바라주의의 영향력을 확인할 수 있다.

---

1 　라틴아메리카 최남단 지역으로 구성된 지리적 영역을 가리킨다. - 옮긴이

# 총체성

TOTALITÉ

1857~1858년 《정치경제학 비판 요강》 서문에서 마르크스는 소비, 생산, 분배 그리고 교환을 동일한 하나의 총체성의 서로 다른 요소들로 간주해야 할 필요성을 강조한다. "서로 다른 요인들 사이의 상호 작용이 존재하며, 이는 유기적 전체의 경우에 그러하다." 이와 동일하게 마르크스는 [연구의] 올바른 방법을, 사고를 통해 구체적인 것을 "결정 작용과 관계 내에 존재하는 풍부한 하나의 총체성"으로 재생산하는 것으로 정의한다.(→ '사고 구체' 항목을 보라) 《자본》에서 마르크스는 "자본주의적 생산의 총과정"을 연구하려고 하면서, 그리고 그 과정을 "그 실제 조건들 전체 내에서 고려된 발전"으로 정의함으로써 이러한 방법론적 원칙을 적용한다.

마르크스주의는 사회구성체(→ '생산양식' 항목을 보라)를 항상 총체성으로 사고해야 한다는 이러한 관념은 마르크스에 대한 변증법적* 해석들(예를 들어 게오르그 루카치의 마르크스 해석)에서 옹호되었던 관념이다. 이 관념은 '진리는 전체이다'라는 헤겔적 테제를 다시 취하는 것으로 보인다. 그리고 동시에 이 테제는 헤겔과 근접해 있다는 바로 그 점 때문에 비판 받아 오기도 했다. 고전 마르크스주의에 반대하여, 테오도어 아도르노는 지배와 사물화*로 특징 지어지는 사회구성체들 내에서 '전체는 비-진리'라고 강조했다. 루이 알튀세르의 경우, 그는 '표현적 총체성'이라는 헤겔적 모델(그리고 더 일반적으로는 '유기적 총체성'과의 유비)을 지배 관계를 갖도록 절합된 총체성totalité articulée à dominante이라는 관념과 대립시킨다.(→ '과잉결정' 항목을 보라)

# 최종심급

DERNIÈRE INSTANCE

역사를 유물론적으로 개념화할 때의 고유한 특징은, 1859년 《정치경제학 비판을 위하여》 서문의 용어들을 활용하자면, "일반적으로 물질적 삶의 생산양식이 사회적, 정치적, 문화적 삶의 발전을 조건 짓는다"는 점이다. 하지만 엥겔스는 경제적 토대\*를 "유일한 결정 요인"으로 간주해서는 안 되며, 단지 "최종심급에서" 결정적인 요인 중 하나로만 간주해야 한다고 명확히 표현한다(조제프 블로흐Joseph Bloch에게 보내는 1890년 9월 21~22일자 편지). 엥겔스의 또 다른 편지(발터 보르기우스Walter Borgius에게 보내는 1894년 1월 25일자 편지)를 읽을 때 우리가 파악할 수 있듯, '최종심급' 개념은 다음 네 가지 관념을 결합하는 것이다. a) 하나의 사회구성체(→ '생산양식' 항목을 보라) 내의 서로 다른 심급들 사이에 상대적 독립성이 존재한다. b) 이 서로 다른 심급들은 모두 각자 다른 심급에 미치는 효과를 생산할 수 있다. c) 하지만 이 서로 다른 심급들이 이러한 상호 작용에서 동일한 크기의 영향력을 미치지는 않는다. d) "**최종심급**에서 항상 우위를 차지하는 것"은 바로 "경제적 필연성"이다.

# 추상(화)[1]

ABSTRACTION

마르크스의 사유가 지닌 독창성은 그가 추상(화)라는 개념[2]을 이 개념이 일반적으로 속해 있는 영역인 인식론의 영역에서만이 아니라 또한 현실 추상abstraction réelle이라는 개념을 만들어냄으로써 사회 이론의 영역에서도 활용했다는 점에 있다.

인식론의 영역에서 추상(화)라는 개념은 때로는 부정적인,

---

1  '추상(화)'는 'abstraction'을 옮긴 것으로, 한국어로는 '추상'과 '추상화', '추상물' 모두가 구분되지만 프랑스어로는 구분되지 않는다. 즉 'abstraction'에는 '추상'과 '추상화', '추상물'이라는 의미가 모두 들어 있다. 하지만 '추상물'의 경우 '추상'이라는 좀 더 외연이 넓은 용어 안에 포함되어 있다고 판단하여, (한국어로 너무 어색한 몇몇 경우를 제외하고는) 가독성을 조금 해치더라도 '추상(화)'로 옮겼음을 밝힌다. 독자들은 이 단어에 세 가지 의미가 모두 포함되어 있다는 점을 염두에 두기를 바란다. - 옮긴이

2  여기에서 '개념'은 'notion'을 옮긴 것이다. 특히 프랑스 인식론과 관련하여 한국 인문사회과학계에서는 'notion'을 '통념'으로, 'concept'를 '개념'으로 옮기지만 옮긴이는 본서에서 저자들이 이를 체계적으로 구분해 활용하고 있지 않다고 판단하여 구분 없이 모두 '개념'으로 옮기기로 결정했으며, 'conception'의 경우 '개념화'로, 그 동사 형태 concevoir는 '개념화하다'로 번역했다. - 옮긴이

때로는 긍정적인 가치를 부여받는 것으로 보인다. 헤겔 비판이라는 맥락에서, 청년 마르크스는 논리적 추상(화)에 만족하는, 그리고 이 논리적 추상(화)를 구체로 간주하도록 오도하는 헤겔의 사변적 방식을 종종 비판했다. 그러므로 청년 마르크스에게서 추상(화)에 대한 비판은 소외된 사고(→ '소외' 항목을 보라)에 대한 비판이라는 범위 내에 위치해 있는 것이다. 이후 《정치경제학 비판 요강》(1857~1858) 서문에서 추상(화)는 훨씬 더 긍정적인 기능을 부여받는 것으로 보인다. 이 저서에서 마르크스는 세계를 영유하고 이 세계를 '사고 구체'concret de pensée*의 형태하에서 재생산하기 위해 사고는 추상(화)로부터 출발해야 한다는 점을 강조한다. 하지만 마르크스는 곧바로 다음의 두 가지 사항을 명확히 덧붙인다. a) 사고의 현실적 출발점은 현실 세계에 대한 직관이지 추상적 범주가 아니라는 점을 잊지 말아야 한다. b) 정치경제학이 출발점으로 삼아야 하는 추상(화)는 역사적으로 규정된 추상(화)이다.(→ '방법' 항목을 보라)

《자본》에서 마르크스는 추상(화)라는 개념을 새로운 영역들, 즉 사회 이론의 영역과 사회 비판의 영역에 적용한다. 교환가치(→ '상품' 항목을 보라)가 상품들이 지니는 서로 다른 유용한 성질들[즉 사용가치]을 추상화한다fait abstraction는 점을 강조함으로써, 그리고 교환가치가 구체적 인간 노동을 추상적 노동(→ '노동' 항목을 보라)으로 환원하는 것을 목표로 하는 과

정의 결과라는 점을 강조함으로써, 마르크스는 현실 추상에 종속된 사회적 삶이라는 주제를 소묘한다.

구체의 변증법*과 추상의 변증법은 마르크스주의 내에서 여러 가지 방향으로 확장되었다. 규정(déterminations, 결정)의 총체로서의 구체라는 정의는 역사적, 사회적 혹은 정치적 상황에 대한 '일면적' 분석을 비판하는 데 그 기초로 활용된다. 체코의 철학자인 카렐 코지크Karel Kosik 같은 이는 마르크스의 철학*을 '구체의 변증법'이라는 관점으로 해석했다. 추상(화)라는 개념은 사고 추상abstrait에서 사고 구체로의 이행이라는 아이디어를 제시했던 루이 알튀세르에게서뿐만 아니라 규정된 추상(화)라는 아이디어를 제시했던 갈바노 델라 볼페Galvano Della Volpe 학파에게서도 중요한 역할을 수행했다. 현실 추상이라는 관점에서 《자본》을 해석하는 방식은 주로 프랑크푸르트 학파 내에서 발전되었다.

# 축적

ACCUMULATION

자본가는 잉여가치*의 일부를 저축할 수 있으며 이를 자신의 자본*에 추가할 수 있다. 이것이 바로 잉여가치의 축적이다. 이 축적된 자본은 마르크스가 '확대 재생산*'이라고 부르는 과정에 따라 더욱 넓은 차원에서 다시 작동하게 된다 [즉 자본의 순환 혹은 확장 중인 자본 내에 다시 투입된다].

《자본》 1권 마지막 부분에서 마르크스는 축적이 고용과 실업에 미치는 영향에 대한 상세한 연구를 수행한다. 축적을 통해 증대된 자본은 고용을 증가시키는 경향을 가지지만, 자본 구성*의 변이, 다시 말해 새로이 증가된 자본이 불변자본과 가변자본으로 나뉘어지는 비율의 변이에 의존하는 범위 내에서만 고용을 증가시키는 경향을 가진다. 그 이유는 불변자본과 가변자본 중 가변자본만이 고용의 직접적 원천이기 때문이다. 논의를 단순화하기 위해 불변자본 중 기계만을 고려하자면, 우리는 자본 구성의 상승을 생산의 **기계화**와 동일한 것으로 간주할 수 있다. 자본가들은 노동자들을 기계로 대체하는데, 그럼으로써 자본은 고용의 비율을 줄이면서 축적될 수 있다.

자본 구성의 상승은 임금의 구매력을 증가시키는 경향을 만들어냄으로써, 지속적인 축적이 고용을 노동 가능 인구population disponible의 한계로까지 증가시키게 되는 지점을 유예시킨다. 마르크스는 이러한 완전고용의 상황을 '자본의 과잉 축적'(→ '위기' 항목을 보라), 즉 고용될 수 있는 노동 가능 인구와 비교해서 자본이 과잉된 상태라고 부른다. 이러한 상황은 자본 구성의 상승을 통해 피하거나 유예될 수 있다. 자본 구성의 상승으로 인해 대량의 실업자 집단, 즉 '산업예비군'armée industrielle de réserve이 만들어지고 재생산된다. 이 메커니즘은 자본가 계급의 수중에 임금 통제, 임금 상승의 제한, 심지어는 임금 삭감이라는 도구를 쥐어준다. 자본가 계급과 관련한 이 마지막 속성은 우리가 (절대적 혹은 상대적) '궁핍화'에 관해 설명할 수 있게 해준다. 그러나 장기적 측면에서의 노동자들의 구매력 변화évolution에 관한 이 주제를 다루는 마르크스의 정식화는 여전히 상당히 모호한 것으로 남아 있다.(→ '임금' 항목을 보라)

이러한 분석에서 마르크스는 지배적인 위치를 점하고 있던 당대 주류경제학이 제출했던, 대개 '인구 법칙'이라고 불리던 테제들을 반박한다. 토마스 맬서스와 데이비드 리카도와 같은 경제학자들은, 물론 이 경제학자들 간의 논리는 서로 상당히 다르지만, 노동자들의 실업과 비참[궁핍화]의 책임이 노동자 계급에게 있다고 주장했다. 왜냐하면 이 노동자 계급의 재생산[즉 출산과 인구 증가] 리듬이 특정한 국면에서 축적 능력과 비교해 보았을 때 과도하거나 과도해질 수 있기 때문이다. 자신의 '자본주의적 축적 법칙'에서 마르크스는 위에서 언급했던 과정의 존재를 보여주면서 결국 자본가들에게 노동을 활용할 수 있는 통제권이 있음을 주장한다.

이 메커니즘들은 《자본》 3권의 두 가지 분석, 즉 산업[생산] 주기(이 산업주기가 겪는 위기는 산업주기가 가지는 국면들 중 하나이다)에 관한 연구와 이윤율 저하 경향(→ **'경향' 항목을 보라**)에 관한 연구라는 두 가지 분석과 중요한 관련을 맺는다. 우리는 마르크스가 살아생전에 《자본》 1권만을 출판했기 때문에 그가 이 관계를 세심하게 다루지는 못했다는 점을 이해할 수 있다. 반면 [경제] 위기와 관련해서, 마르크스는 《자본》 1권에서 자본 축적의 가속화 국면들이 노동 가능 인구의 한계에 고용이 도달하도록 만든다는 점을 충분히 잘 보여주었다. 산업예비군은 위기 속에서 재창조되며, 유기적 구성의 상승에 의한 교정이 위기 이후의 새로운 축적 국면에서 이루어지게 된다. 반면 자본 구성의 상승이 이윤율에 미치는 영향은 《자본》 1권에서 다루어지지 않는다.

《자본》 1권은 자본의 '본원적 축적'accumulation primitive(혹은 소위 '본원적 축적'이라 불리는 바) 국면에 대한 연구로 끝난다. 이 연구에서 마르크스는 영국에서의 자본 축적이 그 기원을 살펴보면 어떻게 토지 소유자 농민들에 대한 수탈 expropriation, 대다수 인구의 생존에 필수적이었던 나무를 줍는다든지 절인 생선을 통에 넣는다든지 하는 수많은 활동에 꼭 필요한 장소였던 '공동' 토지에 대한 매각, 울타리의 설치(인클로저)에 의해 이루어진 것인지 보여준다. 이 끔찍한 사회적 폭력은 인구의 대부분을 비참함의 상태로, 프롤레타리아*적 조건으로, 다시 말해 자신의 노동력을 파는 것 말고는 다른 선택지를 가지지 않은 개인들이라는 조건으로(→ '잉여가치' 항목을 보라) 집어넣었다.

# 토대, 구조, 상부구조

BASE, STRUCTURE, SUPERSTRUCTURE

1859년 《정치경제학 비판을 위하여》 서문에서 우리는 다음과 같은 유명한 정식을 발견할 수 있다. "이 생산관계들 전체는 사회의 경제적 구조Bau, 즉 실제적 토대Basis를 구성하는데, 이 실제적 토대 위에 하나의 법률적이고 정치적인 상부구조Überbau가 들어서며, 이 상부구조에 사회적 의식의 규정된 형태들이 조응한다." '경제주의적'이라고 불리는 마르크스주의의 몇몇 흐름들은 모든 사회구성체(→ '생산양식' 항목을 보라)가 그 경제적 하부구조에 의해 직접적으로 규정되며 그 유효한 표상들이 이 하부구조의 반영*에 불과하다고 설명하면서 이 정식에 대한 기계[론]적 해석을 제시했다.

하지만 마르크스에게서 경제적 토대와 나머지 사회적 삶 사이의 관계는 기계적이지도 않고 직접적이지도 않다. 물론 역사에 관한 유물론적* 개념화가 지니는 고유한 특징은 경제적 요소들로부터 출발하여 제도들과 표상들의 체계édifice를 설명한다는 점에 있다. 하지만 마르크스는 계급투쟁*의 특수한 동역학이 지니는 중요성을 동일하게 강조하며, 또한 그는 동일한 하나의 사회구성체가 지니는 서로 다른 요소들 사이의 상호 작용을 강조하기도 한다. 바로 이러한 의미에서 엥겔스는 마르크스 이후 상부구조의 상대적 자율성에 대해 말하게 되며, 또한 경제적 조건들은 단지 '최종심급'\*에서만 결정적이라는 점을 주장하게 된다.

또한 마르크스는 이데올로기적 형성물들(마르크스는 이 이데올로기적 형성물들을 상부구조의 요소들로 간주하지 않았으며 대신 이 상부구조에 '조응'하는 '의식'의 형태들로 간주했다)(→ **'이데올로기' 항목을 보라**), 법률적-정치적인 제도들, 그리고 사회적 제도들이 역사적 시기 전체에서 동일한 방식으로 조건 지어지는 것은 아니라고 반복하여 강조한다. 바로 이러한 의미에서 마르크스 이후 루이 알튀세르는 '지배 내적으로 구조화된 복잡한 전체'tout complexe structuré à dominante로서의 하나의 사회구성체가 지니는 서로 다른 심급들 사이의 관계에 대해 사고하고 과잉결정\*이라는 개념을 통해 경제적 조건들이 이 심급들과 맺는 관계를 연구해 나간다.

# 트로츠키주의

TROTSKISME

트로츠키는 레온 다비도비치 브론슈타인Léon Davidovitch Bronstein 이라는 이름의 러시아 마르크스주의 혁명가이자 적군의 창설자이다. 그는 1929년 소련에서 추방되어 소비에트 비밀요원에 의해 1940년 암살당했다. 처음에는 소련에서, 그 이후에는 세계 노동자 운동의 중심에서 스탈린주의*에 반대하는 좌익 공산주의 반대파를 1924년 이래로 조직했던 사람인 트로츠키와 그 지지자들은 1938년 제4인터내셔널을 창립한다.

트로츠키가 마르크스주의에 이론적으로 기여한 것들 중 핵심은 다음과 같다. 1) 연속혁명론, 다시 말해 농민 계층*의 지지를 받는 프롤레타리아의 지도하에서 민주주의 혁명의 사회주의 혁명으로의 '초월적 성장'transcroissance. 이는 도래할 러시아 혁명을 목표로 1906년 정식화된 이론이며, 이후 1930년에 이 이론은 식민지 국가들과 반半식민지 국가들 전체로 일반화된다. 이 이론에 따르면, 혁명은 우선 주변부 국가들에서 발생할 것이지만, 사회주의가 하나의 국가에서 건설 가능한 것은 아니다. 2) 소련을 '관료제적으로 타락한 노동자 국가'로

1924년에 분석한 것. 이 타락한 노동자 국가에서 스탈린적 독재는 노동자들의 정치 혁명을 통해 전복되어야 한다. 3) 직접적이고 구체적인 요구들을 포함하고 있는 이행 강령. 이 이행 강령은 이행의 운동dynamique을 자본주의 체계 그 자체와의 대립으로 나아가게 만든다(예를 들어 생산에 대한 노동자 통제라는 이행 강령).

트로츠키주의 운동은 일련의 단절을 겪으며 대부분의 국가들에서 노동자 운동의 비주류적 조류로 남게 된다. 우리는 트로츠키주의 운동가들 혹은 그 동조자들 가운데 작가 빅토르 세르주, 초현실주의 시인 앙드레 브르통 혹은 경제학자 에르네스트 만델과 같은 뛰어난 지식인들과 예술가들을 발견하게 된다. 1950년대 이후 제4인터내셔널의 주요 지도자인 에르네스트 만델은 자신의 후기 자본주의에 대한 분석과 로자 룩셈부르크로부터 영감을 얻은 사회민주주의에 대한 성찰을 통해 트로츠키주의의 이론적 핵심을 상당 부분 쇄신한다.

# 파시즘

FASCISME

이탈리아어 fascio(프랑스어로는 faisceau[묶음, 다발, 단, 일련])는 무솔리니가 세운 파시스트 민족 정당이 고대 로마에서 차용해 채택한 상징을 지시한다. 비록 마르크스주의자들이 파시즘의 등장 이후부터 줄곧 파시즘에 반대해왔더라도, 마르크스주의자들이 이 파시즘이라는 개념을 활용하는 방식은 일관되지 않는다. 카를 카우츠키는 〈볼셰비키주의의 파시즘으로의 변질〉Le bolchevisme dans l'impasse(1931)에 대해 말하는 반면, 1928~1933년 동안 (스탈린주의적) 공산주의자들은 사회민주주의(→ '공산주의' 항목을 보라)를 '사회-파시즘'으로 특징 짓는다.

이후 마르크스주의자들은 이 파시즘이라는 용어를 이탈리아 파시즘, 독일 나치즘, 스페인 프랑코주의, 오스트리아 파시즘, 포르투갈 살라자르주의salazarisme 등등이 지니는 공통적 특징을 지시하기 위해 활용한다. 반파시즘 통일체를 결성하는 전술을 채택한 1935년 열린 제7차 국제 공산주의 대회에서, 게오르기 디미트로프Georges Dimitrov는 파시즘에 대해서 다음과 같은 정의를 제시한다. "금융자본의 가장 반동적이고 가장 국수주의적이며 가장 제국주의적인 요소들을 지닌 공포정치적 독재." 트로츠키는 직접 쓴 여러 저술에서 특히 독일의 파시즘이 모든 독립적인 노동자 조직에 대해 살인적인 방식으로 공격한다는 점을 강조한다. 파시즘과 거대 자본 사이의 관계는 (다니엘 게랭Daniel Guérin의 경우에서와 같이) 많은 마르크스주의적 작업들의 대상이 된다. 이후 마르크스주의자들은 이탈리아 파시즘과 나치즘 사이의 차이를 과소평가했다는 점에서 비판받는다. 이탈리아 파시즘과 달리 나치즘은 그 인종주의적 성격으로 인해 유대인과 집시에 대한 집단 학살을 자행했다.

빌헬름 라이히와 에리히 프롬과 같은 프로이트-마르크스주의자들은 다양한 형태의 파시즘과 그 지지자들의 [정신적] 동인을 분석한다. 반면 프랑크푸르트 학파의 구성원인 테오도어 아도르노, 막스 호르크하이머, 허버트 마르쿠제는 인종주의와 파시즘의 정신적 근거로서의 권위주의적 인성을 연구한다.

최근 몇 해 동안 우리는 유럽에서 미디어와 정치학이 통상적으로 '포퓰리즘적'이라고 부르는 극우 운동, 외국인 혐오 운동 그리고 인종주의 운동이 급성장하는 것을 목격했다. 마르크스주의적이고 아나키즘적인 급진 좌파에 따르면 이는 새로운 유형의 파시즘 운동이다.

# 프롤레타리아

PROLÉTARIAT

고대 로마에서 프롤레타리아라는 용어는 많은 자녀prole를 가지고 있는 최하층 인민을 지시했다. 19세기에 들어와 이 단어는 임금노동자 대중을 지시하기 위해 활용되었다. 마르크스에게 프롤레타리아는 임금*을 위해 자신의 노동력(→ '잉여가치' 항목을 보라)을 판매함으로써만 살아갈 수 있는, 그러므로 자본의 착취에 종속되어 있는 계급*을 뜻한다. 1848년 《공산주의자 선언》에 따르면, 부르주아지*와 프롤레타리아 사이의 대립은 근대, 다시 말해 부르주아[시민] 사회에서 전개되는 계급투쟁*의 주요 표현이다. '노동자'ouvriers, travailleurs 와 '프롤레타리아'prolétaires는 동일하지는 않더라도 등가적인 용어들이며, 마르크스 혹은 엥겔스의 수많은 텍스트에서 우리는 어떤 때는 '노동자'라는 개념을, 어떤 때는 '프롤레타리아'라는 개념을 발견한다. 《공산주의자 선언》에 따르면, [기계제] 대공업의 발전과 함께, 프롤레타리아가 상당한 규모의 대중으로 집중되며, 이 프롤레타리아의 힘과 계급의식은 증대한다. 국소적인 투쟁은 민족적인 투쟁으로 커지며, 프롤레타리아는 정치적 당파로 조직된다.

마르크스와 엥겔스는 프롤레타리아에게 사회 혁명*을 통해 자본주의를 전복하고 이 자본주의를 계급 없는 사회로 대체할 역사적 임무를 부여한다. 프롤레타리아의 계급투쟁은 "이 형태가 노골적인 혁명으로 폭발하고 프롤레타리아가 폭력을 통해 부르주아지를 전복함으로써 자신의 지배를 확립하기 직전까지" 다소 간 잠재적인 내전의 형태를 취하게 된다.

중간자적 위치를 차지하고 있는 사회 집단들의 문제와 관련한 논쟁이 마르크스주의 내에서 끊임없이 전개되었다. 어떤 마르크스주의자들은 이 사회 집단들[즉 중간 계급]을 자본가 계급 혹은 프롤레타리아 계급에 포함시키고자 했으며, 어떤 마르크스주의자들은 이 사회 집단들을 하나의 계급 혹은 몇몇의 특수한 계급들로 규정하고자 했다. 니코스 풀란차스Nicos Poulantzas와 같은 몇몇 마르크스주의자들에 따르면, 생산적 노동자, 다시 말해 자본가를 위해 잉여가치를 생산하는 사람만이 프롤레타리아에 포함된다. 에르네스트 만델과 같은 다른 마르크스주의자들은 사무직 노동자들과 지식 노동자들을 포함하여 임금을 위해 자신의 노동력을 판매하는 사람 전체가 프롤레타리아에 속한다고 본다.

# 프롤레타리아 독재

DICTATURE DU PROLÉTARIAT

마르크스주의의 역사에서 프롤레타리아 독재라는 개념보다 그토록 많은 논쟁을 일으킨 개념은 거의 없을 것이다. 친구 조제프 바이데마이어Joseph Weydemeyer에게 보내는 1852년 3월 5일자 편지에서 마르크스는 프롤레타리아 독재의 핵심 문제가 "모든 계급의 철폐와 계급 없는 사회로의 이행"이라고 말한다. 1875년 〈고타 강령 비판〉에서 우리는 더욱 명확한 정식화를 발견한다. "자본주의 사회와 공산주의 사회 사이에, 이 자본주의 사회로부터 공산주의 사회로 나아가는 혁명적 변형의 기간이 위치한다. 바로 이 기간이 국가가 **프롤레타리아의 혁명적 독재**와는 다른 것일 수 없는 이행 기간과 일치한다." 마지막으로 엥겔스는 1871년 《프랑스 내전》의 1891년 재판 서문에서 파리코뮌을 프롤레타리아 독재가 무엇인지를 보여주는 구체적 예시로 제시한다.

마르크스와 엥겔스에게 프롤레타리아 독재는 어느 한 수장, 즉 '독재자'의 권력에 대한 것도 아니고 어느 한 당의 권력에 대한 것도 아니라는 것, 대신 이 프롤레타리아 독재가

1871년 파리코뮌에서와 같이 노동자 계급 전체에 의해 민주주의적으로 실행되는 권력이라는 점은 명확해 보인다.

레닌은 1917년 《국가와 혁명》에서 프롤레타리아 독재에 대한 마르크스와 엥겔스의 모든 언급에 대해 자세한 주석들을 제시한다. 레닌은 격렬한 논쟁 속에서 프롤레타리아 독재에 대한 마르크스와 엥겔스의 모든 언급들을 사회민주주의 이론가들, 특히 카를 카우츠키의 의회민주주의에 대한 옹호와 대립시킨다. 로자 룩셈부르크 또한 1918년 감옥에서 집필한 소책자 《러시아 혁명》에서 사회민주주의 이론가들에게 반대해서 프롤레타리아 독재가 "한 당파 혹은 한 무리의 독재가 아니라 계급 독재"일 수밖에 없다는 점을 지적한다. 다시 말해 프롤레타리아 독재는 "한계 없는 민주주의 속에서 인민 대중들의 제한 없는 매우 활발한 참여" 위에 기초한 혁명적 권력인 것이다.

소련에서 스탈린주의의 도래와 함께, 프롤레타리아 독재라는 개념은 관료제적 독재를 정당화하기 위한 이데올로기적 장치들 중 하나가 되어 버린다. 세계에 있는 공산당 대부분은 1970년대에 이 개념을 포기했지만 몇몇 트로츠키주의\* 흐름에서는 이 개념을 여전히 사용한다.

# 필요[1]

BESOINS

마르크스는 필요에 근본적인 철학적 중요성을 부여하며, 동시에 이 필요가 역사적으로 변화할 가능성을 강조한다. 마르크스에게서 인간은 필요와 힘의 전체ensemble로 분석된다.

청년기 마르크스는 인간 본성을 정확히 필요와 본질적 힘 전체ensemble로 정의한다. 본질적 필요는 "그 본질적 힘의 활성화와 확립을 위해 필요 불가결하고 본질적인 대상들objets"(1844년 《경제학-철학 수고》)에 관한 필요이다. 하지만 동시에 마르크스는 필요가 역사적으로 조건 지어진다conditionnement는 이론을 제시하면서 자본주의적 생산양식*이 만들어내는 필요를 비판한다(1844년 《경제학-철학 수고》에서 언급하는 '화폐에 대한 필요[욕구]' 혹은 '이기주의적 필요'). 《자본》에서 마르크스는 이와 동일하게 "필수적이라고 간주되는 필요"가 어떤 측면에서 보자면 사실은 "역사적 생산물"

---

1  프랑스어 'besoin'에는 '필요'와 '욕구'라는 뜻이 모두 포함되어 있다. 여기에서는 '필요'로 통일하지만, 독자들은 이 단어에 '욕구'라는 뜻도 들어 있음을 염두에 두기를 바란다. - 옮긴이

이라고 강조한다.

이러한 마르크스의 주장은 마르크스주의 내에서 두 가지로 분기하는 이론적 전개 방향을 취하게 된다. 첫 번째 방향은 본질적 필요와 인위적 필요 사이의 차이를 철학적으로 옹호하는 방향(아그네스 헬러)이며, 두 번째 방향은 필요의 사회적 구성과 이것이 지배와 결합할 때 행하는 역할을 사회학적으로 분석하는 방향(허버트 마르쿠제)이다. 1875년 〈고타 강령 비판〉에서 마르크스가 공산주의*를 모두의 필요를 충족시킬 수 있게 해주는 사회적 질서로 정의했다는 점을 헬러와 마르쿠제 모두 보존하고자 했었다는 점에서 우리가 확인할 수 있듯, 이 두 가지 방향이 완전히 양립 불가능하지는 않다.

# 해방

ÉMANCIPATION

마르크스에게 해방이라는 문제는 처음에는 소외\*라는 문제
설정의 틀 내에서, 그 다음으로는 계급\* 지배라는 문제 설정
의 틀 내에서 다루어진다. 이 두 경우 모두에서 해방이라는
문제는 마르크스의 정치적 기획의 핵심에 자리 잡고 있다.

1844년 〈독불연보〉에서 해방이라는 개념은 프랑스 대
혁명에 대한 비판, 그리고 더욱 일반적으로는 정치적 소외
에 대한 비판을 위해 정식화된다. 여기에서 마르크스는 정
치적 해방을 여전히 실현되지 않은 해방에 대한 약속, 정치
적일 뿐만 아니라 또한 사회적 혹은 인간적인(→ '인간주의' 항목
을 보라) 해방에 대한 약속으로 나타나도록 만들고자 한다. 마
르크스가 공산주의\*를 [1844년 《경제학-철학 수고》에서와 같이]
소외 전체에 대한 지양dépassement 혹은 인간에 의한 인간 자
신의 본성의 재전유(→ '전유' 항목을 보라)로서가 아니라 [1845년
〈포이어바흐에 대한 테제〉와 1846년 《독일 이데올로기》에서와 같
이] 계급 지배의 지양으로 정의하자마자, 마르크스가 제시하
는 해방을 위한 정치적 기획의 성격은 완전히 바뀌게 된다.

이때부터 마르크스에게서 해방은 주로 사회의 계급 구조에 대한 지양으로 개념화되기 시작하며, 또한 그는 이 계급 구조에 대한 지양이 자기-해방*으로부터만 가능하다는 점을 강조하게 된다. (우리는 이 자기-해방이라는 주제를 1871년에 지어진 외젠 포티에Eugène Pottier의 "인터내셔널가"에서도 발견할 수 있다)

이후 당*과 국가*, 그리고 자주 관리*와 계획화가 해방의 과정에서 어떠한 역할을 수행할 수 있는지를 규정하기 위한 여러 논쟁들이 전개되었다. 게다가 계급 지배에 대한 지양뿐만 아니라 또한 '성'과 '인종'이 형성하는 사회적 관계들에 대한 지양으로서의 해방을 어떻게 사고해야 하는가에 대한 문제가 여전히 남아 있다.

# 혁명

RÉVOLUTION

전통적으로는 축을 중심으로 회전하는 별들의 움직임을 지시했던 이 용어는 16세기 이후부터 사회적이고 정치적인 질서에 대한 근본적이고 급진적인 전복, 혹은 한 사회의 지배 집단의 교체를 의미하게 된다. 바로 이 일반적인 근대적 의미로 마르크스와 엥겔스는 혁명이라는 용어를 활용한다. 하지만 다른 이들과 달리 마르크스와 엥겔스는 이 혁명이라는 용어를 계급투쟁*과 결합한다. 그러므로 마르크스와 엥겔스는 독일의 16세기 '농민 전쟁'을 **농민 혁명**으로, 그리고 17세기 영국과 18세기 프랑스에서 벌어진 거대한 혁명들을 **부르주아 혁명**으로 명명한다. 마지막으로 이러한 명명은 1871년의 파리코뮌과 미래의 사회주의 변혁(→ **'공산주의'** 항목을 보라)을 지칭하는 **프롤레타리아 혁명*** 혹은 **노동자 혁명**이라는 개념으로 이어진다. 또한 우리는 특히 마르크스와 엥겔스의 청년기 저술들에서 **공산주의 혁명***이라는 용어를 발견한다. 1848년 《공산주의자 선언》에서 이 공산주의 혁명은 "전통적인 소유 관계들과의 가장 근본적이고 급진적인 단절"로 정의된다. 마르크스와 엥겔스의 눈에 프롤레타리아 혹은 공산주의 혁명은 전위 집단 혹은 일군의 혁명적 엘리트들의 것이 아니라 노동자들 자신의 혁명적 자기-해방*의 과정이다. 바로 계급투쟁에 대한 혁명적 개념화의 이름으로 마르크스와 엥겔스는 그들이 독일 사회민주당의 몇몇 지도자들(이들 중 한 명이 바로 에두아르트 베른슈타인이다)이 지니고 있는 '기회주의' 혹은 '의회주의적 백치증'이라 부르는 바를 1870년대 동안 비판하게 되는 것이다.

베른슈타인을 비판하는 유명한 팜플렛인 1899년 《개혁이냐 혁명이냐》에서 로자 룩셈부르크는 마르크스주의자들이 개혁에 반대하기는커녕 오히려 그 반대라고 주장한다. 간단히 말해 로자 룩셈부르크에 따르면, 마르크스주의자들은 여러 개혁들의 어떠한 단계적인 축적도 자본주의를 철폐할 수 없으며, 자본주의의 철폐를 위해서는 "혁명이라는 망치질"이 필요하다고 주장하는 것이다. 그러나 '혁명주의자'와 '개혁주의자' 사이의 분리는 20세기 노동자 운동의 역사 전체를 관통한다.

# 협업, 매뉴팩처 그리고 [기계제] 대공업[1]

## COOPÉRATION, MANUFACTURE ET GRANDE INDUSTRIE

생산의 기술적이고 조직적인 양태들에 대한 분석은 마르크스의 작업에서 매우 중요한 위치를 차지한다. 마르크스는 《자본》 1권 마지막 부분(자본주의적 축적* 법칙에 대한 연구)과 《자본》 3권(이윤율 저하 경향*에 대한 연구)에서 이러한 메커니즘의 변형의 결과들에 대해 사고한다. 이 변형의 내용(즉 그 양태들)은 특히 《자본》 1권에서 상대적 잉여가치* 개념을 도입할 때 분석된다. 마르크스에 따르면 이 기술-조직적 변화들은 잉여가치의 '상대적' 증가를 추구한다는 점에서 그 동기를 얻게 된다.

---

1  여기에서 '매뉴팩처'는 'manufacture'를 옮긴 것으로, 프랑스어에서 이는 '공장'을 나타내는 말이지만, 마르크스주의 맥락에서는 노동자에 대한 '실질적 포섭'(다시 말해 노동자들은 자신들의 노동수단으로부터 완전히 소외되고 기계화로 인해 완전히 파편화된다)이 이루어지는 기계제 대공업과 대비되는, 노동자에 대한 '형식적 포섭'(다시 말해 노동자들은 아직은 자신들의 노동수단으로부터 소외되지는 않으며 단지 자본가의 감시와 통제, 그리고 생산의 효율성을 위해 각자의 노동수단과 함께 '공장' 내에서 동료 노동자들과 함께 모여 생산 작업을 수행한다)이 이루어지는 '매뉴팩처'를 의미하므로 마르크스주의의 관행에 따라 '매뉴팩처'로 음독한다. -옮긴이

여기에서 세 가지 주요 개념들이 쟁점이 되는데, 바로 협업, 매뉴팩처적 분업 그리고 (대공업에서의) 기계화machinisme이다. 이 세 가지 개념들은 후자가 전자를 필요로 하는 누적적 메커니즘을 취한다. **협업**은 생산 과업을 실현하려고 할 때 여러 노동자들이 결합하는 방식으로 활동한다는 점을 의미한다. 협업은 잠재적으로 노동의 효율성, 그러니까 노동의 생산성을 증가시킨다. **매뉴팩처적 분업**은 규정된 한 물건의 생산으로 이어지는 세분화된 생산 과업들의 연속적 실현을 기술하는 용어이다. 다양한 집단의 노동자들이 [공동작업을 통한] 생산물의 실현을 위해 서로 다른 단계들 내에서 전문화되며, 이를 통해 이 노동자들이 거대한 효율성을 획득할 것으로 상정된다. 노동자의 입장에서 부정적인 점은 노동이 단조로운 활동이 된다는 사실이고, 자본가의 입장에서 이득이 되는 점은 생산을 통제할 수 있는 능력을 획득한다는 사실이다. 기계화mécanisation는 노동력의 생산 잠재력을 증가시킨다. 이때 이 기계화의 적용은 협업과 노동의 매뉴팩처적 분업에 의해 훨씬 용이해진다.

# 형태

FORMES

자신의 경제학 저작들에서, 마르크스는 '형태'라는 용어를 광범위하게 사용한다. 프랑스어 번역어 forme에는 다양한 독일어 단어들이 대응된다. 그래서 여기에서 우리는 형태라는 용어에 대해 가장 기본적인 활용을 살펴보는 것으로 만족하려고 한다. 예를 들어 마르크스가 '가치의 형태'formes de la valeur 혹은 '자본의 형태'formes du capital에 대해 언급할 때 사용하는 형태라는 용어에 대해서만 다루고자 한다. 바로 이러한 의미의 형태라는 용어의 활용과 관련해 더욱 명시적인 표현은 '출현[표현] 형태'forme d'apparition 혹은 '현상 형태'forme phénoménale이다.

마르크스는 정치경제학의 몇몇 개념에 일종의 위계를 설정한다. 이론적 도구의 생산 과정 내에서 매우 높은 위치를 차지하는 몇몇 개념들은 다른 개념들(이 다른 개념들은 더 높은 위치를 차지하는 이 몇몇 개념들의 출현[표현] **형태**이다)을 통해 나타난다se manifestent. 마르크스는 속류 경제학자들(→ **'경제' 항목을 보라**)이 [현실의] 경제적 실천에 훨씬 더 직접적으로 연결된 이러한 출현[표현] 형태에 머물러 있다는 점을 비판한다. 물론 그렇다고 해서 마르크스가 이러한 개념들의 활용을 거부하는 것은 아니며 그 자신 또한 이러한 개념들을 광범위하게 활용한다. 하지만 그는 이론적으로 충분히 정교하게 구성되지 않았다는 점에서 이 개념들을 비판한다.

[현실의 경제적] 실천 바깥에서 이 개념들의 위계를 직관적으로 파악한다는 것은 전혀 쉽지 않다. 예를 들어, 가격은 가치의 형태(→ '상품' 항목을 보라)이다. 마르크스는 상품의 **가치**라는 개념, 즉 상품 생산에 필요한 노동시간이라는 개념을 도입한다. 가격이 시장에서 생산자가 실현한 정상적인 수준qualité의 유용한 노동에 대한 지출을 조절sanctionnent한다는 의미에서, 이 **가격**은 상품의 가치를 '나타내'manifestent고 '반영'reflètent하며 '표현'sont l'expression한다. 마르크스는 가치 개념에 근거하지 않은 가격 개념이 [과학적] '개념 없는'sans concept 통념notion으로 남아 있다고 주장한다.

가치의 형태로서의 가격 이외에도, 이윤*은 잉여가치*의 형태이다. 자본*은 상품, 화폐*이거나 혹은 공장에서의 생산에 필수적인 요소들(원료, 노동력, 기계 등) 등의 형태를 취한다. 다시 말해 자본은 무엇 무엇의 형태라는 모습으로 등장한다.[1] 자본은 상품이라는 형태로, 화폐라는 형태로 혹은 위에서 말한 그러한 요소들의 형태로 나타난다.

---

1  여기에서 '등장하다' 혹은 '나타나다'는 동사 'apparaître'를 옮긴 것으로, 이 'apparaître'의 명사형이 바로 '출현 형태'에 들어 있는 '출현'이라는 단어의 원어인 'apparition'이다. - 옮긴이

# 헤게모니

HÉGÉMONIE

이 개념은 마르크스와 엥겔스에게서는 등장하지 않는다. 이 개념을 최초로 사용했던 이들은 러시아 마르크스주의자들이다. 우선 1887년부터 게오르기 플레하노프Georgii Plekhanov와 그의 멘셰비키 동료들, 즉 줄리우스 마르토프Julius Martov와 파벨 악셀로드Pavel Axelrod가, 그 다음으로는 레닌과 볼셰비키들이 이 개념을 사용했다. 이 개념은 러시아 프롤레타리아와 그 정당인 사회민주당이 차리즘적 절대주의에 대한 투쟁과 그것을 전복하는 혁명적 과정을 **지도**하는 것을 의미한다. (물론 이 혁명적 과정에는 농민 계급과 지식인 계급, 그리고 멘셰비키의 관점에서는 민주주의적 부르주아지*까지도 참여할 수 있다)

안토니오 그람시는《옥중수고》에서 이 헤게모니라는 개념의 외연을 확장한다. 이 이탈리아 마르크스주의자에게, 모든 국가*는 독재와 헤게모니 사이의 결합, 다시 말해 강제coercition와 (정치적, 문화적 그리고 지적) 지배의 결합이다. 서구의 시민사회를 동양(즉 러시아)과 같이 "원시적이고 [마치 변형이 자유로운 걸쭉한 젤라틴과 같이] 유연하지"primitive et gélatineuse 않으며 대신 공적이고 사적인 제도들과 조직들로 구성된 "요새와 참호로 만들어진 단단한 사슬"이라고 간주하면서, 그람시는 노동자 운동이 시민사회로 침투해 헤게모니를 장악해야 한다고 주장한다. 그람시에게 "헤게모니는 정부를 장악하기 이전에 이미 존재할 수 있고 존재해야 하는 것"이다. 헤게모니는 일종의 '진지전'guerre de position을 통한 정치 권력의 정복을 위한 전략과 프롤레타리아의 힘을 통해 이 정복한 권력을 활용하는 방법(이 방법은 단순한 '독재'로 환원될 수 없다) 두 가지를 동시에 의미한다. 이러한 전략의 일환으로, 혁명적 행위, 즉 '기동전'guerre de mouvements이 전술적으로 중요한 지점으로 포함된다.

에르네스토 라클라우와 샹탈 무페가 주도했던 헤게모니 개념의 '포스트-마르크스주의적' 정교화에서, 노동자 계급의 혁명적 측면과 그 역할은 '급진민주주의'의 기획과 다양한 정치적 주체들 사이의 절합의 기획으로 대체된다.

# 화폐

ARGENT, MONNAIE

마르크스의 저작에서 'argent'과 'monnaie'는 'monnaie'가 달러와 같은 특수한 외국 통화를 지칭할 때를 제외하고는 동의어로 간주해야 한다.[1]

《자본》에서 화폐[라는 개념]의 도입은 상품*과 교환에 관한 이론의 구성과 발전으로부터 출발하는 것이다. 이 출발점으로부터 마르크스는 자본주의 생산양식* 이전의 [직접]생산자 사회[예를 들어 원시 생산제]에 대한 참조를 통해 묘사해 나가는 방식으로 자신의 이론을 전개해 나간다. [직접]생산자 사회에서 행위자들은 처음에는 자신들 고유의 필요를 충족시키기 위해 생산하며, 이후에는 부분적인 교환을 위해 생산한다. 이 교환이 지속적인 방식으로 반복되면서, 교환의 관점이 생산의 조건들을 변화시킨다. 마르크스의 정식에

---

[1] 물론 한국어에 '화폐'와 구별되는 '돈'이라는 구어가 존재하긴 하지만 사실상 프랑스어 번역에서 대부분 argent과 monnaie를 구분하지 않고 '화폐'로 동일하게 옮기기 때문에 한국어에서는 이런 문제가 없다. 앞으로도 구분하지 않고 '화폐'로 옮긴다. - 옮긴이

따라 말하자면, "생산물이 상품이 되는 것"이다. 이러한 반복으로 인해 특정한 몇몇 상품들은 가격을 협상하거나 교환을 실현할 때 참조물로, 즉 통상적으로 교환되는 유형의 하나의 상품으로 기능하게 된다. 그러한 상품이, 상품들의 가치가 이 특수한 상품의 수량으로 표현되고 이를 통해 다양한 상품들이 그 가치의 관점에서 등가의 것으로 판단된다는 점에서, '일반적 등가물'équivalent général로 기능하게 된다.

결국 하나의 상품이 금이 지니고 있는 것과 같은 분할 가능성과 보존 가능성이라는 특수한 속성들로 인해 다른 상품들로부터 분리된다. 바로 이 하나의 상품이 **화폐**argent, **monnaie**가 되는 것이다. 이 하나의 상품, 즉 화폐는 거래가 실현되든 아니든 가치를 측정하는 역할을 수행한다. 화폐는 (두 상품 사이의 직접적 교환과는 달리) 구매와 판매의 분리를 가능케 한다. 화폐는 보존, 즉 축장될 수 있다.

# 한국 마르크스주의의 새로운 출발을 위하여:
## "마르크스주의 100단어" 옮긴이 후기

1.

저는 지금 정동진에 있습니다. 해가 뜨는 곳이기도 하죠. 이곳을 선택한 이유는 우리 지회가 빛을 잃지 않고 내일도 뜨는 해처럼 이 싸움 꼭 승리하리라 생각해서입니다. 더 이상 누구의 희생도 아픔도 보질 못하겠으며 조합원들의 힘든 모습도 보지 못하겠기에 절 바칩니다. 저 하나로 인해 지회의 승리를 기원합니다. 저의 시신을 찾게 되면 우리 지회가 승리할 때까지 안치해 주십시오. 지회가 승리하는 그 날 화장하여 이곳에 뿌려 주세요.

─고故 염호석 금속노조 삼성전자서비스지회 양산 분회장 유서 중에서

(http://www.ilabor.org/news/articleView.html?idxno=4026)

2.

마르크스 탄생 200주년을 맞아 출간되는 본서 《마르크스주의 100단어》는 프랑스 마르크스주의 각 영역의 일급 마르크

스주의자 세 명이 모여 집필한 '마르크스주의 사전'이다. 경제에 관한 항목들을 작성한 제라르 뒤메닐은 (홀로, 아니 조금 더 정확히 말해 도미니크 레비Dominique Lévy와 던컨 폴리Duncan Foley와 함께) 마르크스주의 경제학의 수준을 한 단계, 아니 두세 단계는 끌어올린 현존 최고의 마르크스주의 경제학자이며, 정치에 관한 항목들을 작성한 미카엘 뢰비는 마르크스주의 생태학을 포함하여 마르크스주의의 여러 영역들을 발전시킨 철학자, 정치학자, 사회학자, 그리고 무엇보다도 마르크스주의 활동가이며(활동적 지식인이라는 측면에서 그가 정치에 관한 항목들을 작성한 것이 우연이 아님을 알 수 있다), 에마뉘엘 르노는 20대에 이미 (현존 최고의 마르크스주의자 에티엔 발리바르가 극찬한 소책자) 《마르크스와 비판 관념》*Marx et l'idée de critique*을 저술하고 그 뒤로도 꾸준히 마르크스의 철학에 대한 저서들을 출간하고 있는, 현재 프랑스 마르크스주의를 프랑스 아카데미의 중심에서 이끌어가고 있는 철학자이다.

이 《마르크스주의 100단어》와 짝이 되는, 이 세 마르크스주의자가 함께 집필한 저서는 본서의 서문에서도 잠시 언급되는 《마르크스를 읽자》*Lire Marx*이다. 본서와 마찬가지로 미카엘 뢰비가 집필한 정치편, 에마뉘엘 르노가 집필한 철학편, 제라르 뒤메닐이 집필한 경제편, 이렇게 세 논문으로 구성되어 있는 《마르크스를 읽자》는 사전의 성격상 본서가

(강점과 함께) 지닐 수밖에 없는 약점을 보완하는 역할을 하고 있다. 《마르크스를 읽자》에 수록된 세 논문은 본서에서 제시된 100가지 항목들에 대한 더욱 깊은 이해를 위해서는 필수적으로 독해해야 하는 텍스트이다. 《마르크스를 읽자》는 옮긴이의 정치편 번역과 다른 연구자들의 철학편과 경제편 번역으로 출간을 준비중에 있다. 독자들은 이 두 저서를 함께 독해함으로써 '균형잡힌' 시각으로 마르크스의 사상에 입문할 수 있을 것이다. 하지만 여기에서 한 가지 의문이 떠오른다. 왜 저자들은 자신들의 이 두 저서에 대한 '절대적 객관성'을 강하게 주장하지 않을까? (일급의 마르크스주의자만이 내비칠 수 있는) 지나친 겸손의 표현일까, 아니면 솔직한 자기 고백일까? 그렇다면 '균형잡힌' 시각이라는 옮긴이의 표현은 지나친, 게다가 오도된 것일까?

3.

서문에서 저자들이 지적하듯, 마르크스주의에 대한 입문을 제시할 때 절대적 중립성을 주장한다는 것은 불가능하다. (다른 학문들도 마찬가지이겠지만) 특히 페미니즘이나 마르크스주의와 같이 이론과 실천의 경계 속에서만 존재할 수 있는 분파적이고 갈등적인 학문(루이 알튀세르의 표현을 빌려오자)은, 그 학문의 학문-내적인 굴곡진 역사, 그리고 그 학문이 자기 바깥의 현실과 맺는 치열한 모순의 역사를 얼핏 들

여다보기만 하더라도, 그리고 무엇보다 알튀세르의 주장대로 이 학문이 다루는 대상 그 자체의 갈등적 성격으로 인해, 그 어떠한 절대적 중립성도 주장한다는 것이 불가능하다는 점을 쉽게 파악할 수 있다. 완결된 텍스트의 형식을 취하고 있기에 《마르크스를 읽자》에서는 조금 더 쉽게 파악할 수 있듯, 아무리 소개와 입문을 목적으로 한다고 해도 본서와 《마르크스를 읽자》에는 세 저자가 공유하고 있는 프랑스 마르크스주의의 지적 전통의 영향이 깊게 배어 있다. 저자들이 '해석'을 최대한 배제하겠다고 말하면서도 '절대적 중립성'을 표방하지는 않겠다고 모순적으로 말하는 이유는, 마르크스주의라는 학문 자체가 지니는 이러한 분파적이고 갈등적인 성격 때문이다. 순진한 이가 아니라면, 그 어떠한 텍스트이든 그 심연에는 이 텍스트 '이전'의 영향이 존재하지 않을 수 없다는 점을 '글'을 읽으면서 항시 떠올릴 것이다.

그렇다면 이 세 저자가 함께 쓴 본서와 《마르크스를 읽자》에 깊게 배어 있어 은은히 퍼져나가는 향기, 즉 영향은 도대체 무엇일까? 저자들이 자신들의 두 저서의 목표를 마르크스주의에 대한 소개와 입문으로 한정한다는 점에서, 이러한 질문을 던지고 이에 대해 옮긴이의 매우 자의적인 답변을 제시하는 것은 아주 경솔한 짓일 것이다. 하지만 에티엔 발리바르의 포스트-마르크스주의적 기획에 따라 마르크스주의를 연구하고 있으며 그러한 맥락에서 이 두 저서를 번역한 옮긴이에게 이러한 질문을 제기하고 이에 답변하는 것은 윤리적 의무이기도 하다고 생각한다. 말을 빙빙 돌리지 않고 곧장 답변하자면, 옮긴이의 생각에 이 세 저자가 공유하는 지적 전통, 아니 더 넓게 말해 현재 프랑스 마르크스주의를 이끌고 있는 (발리바르를 포함한) 수많은 일급의 마르크스주의자들이 공유하는 지적 전통은 게오르그 루카치에서 시작해 루이 알튀세르로 끝나는 서구 마르크스주의, 조금 더 과감하게 특정하자면 알튀세르주의라고 생각한다. 그것이 알튀세르를 지지하는 것이든 비판하는 것이든 심지어 쓰레기통에 쳐넣기 위해 거부하는 것이든, 알튀세르의 마르크스주의에 대한 '탈구축' 기획(그가 행한 '이론에서의 계급투쟁'이 마르크스주의의 '개조'인지 '탈구축'인지에 대한 상세한 논의로 들어가지는 말자)은 복수의 프랑스 마르크스주의들에 지적 생명력을 불어넣었으며, 여전히 프랑스 마르크스주의로부터 한국 마르크스주의가 연구할 지점들이 존재할 수 있게 해주는 지적 원동력이다.

여기에서 뒤메닐의 예만을, 그러니까 마르크스주의 경제학의 예만을 취해보자. 한편으로, 지금은 작고하신 고故 김수행 교수와 그 제자들이 정력적으로 연구하고 소개해온 벤 파인Ben Fine 등의 영국 정치경제학English political economy과, 다른 한편으로 서관모 교수와 윤소영 교수의 과천연구실, 그리고 현재에는 백승욱 교수가 정력적으로 연구하고 소개해

오고 있는 알튀세르의 '경제학 비판'에 따른 '알튀세르적 경제학'(윤소영 교수는 어디에선가 '철학에서 마르크스주의자가 되는 것은 쉬운 일인가'라는 알튀세르의 질문에 관해 언급하면서, '경제학에서 마르크스주의자가 되는 것이 훨씬 더 어렵다'고 답한 바 있다. 이는 알튀세르의 '경제학 비판'이 지니는 마르크스주의 경제학에 대한 탈구축적 파괴력 때문이다. 이 중대한 논점에 대해서는 아쉽지만 넘어가자. 하지만 뒤메닐이 이러한 '탈구축'의 자장 내에서 경제학을 실천하고 있다는 점은 반드시 지적되어야만 한다. 《마르크스를 읽자》의 경제편, 특히 '사고 구체'와 '방법'에 관한 1절을 반드시 이러한 관점에서 독해하길 바란다) 사이의 차이는 (아카데미 내에서의 더 많은 논쟁을 통해 '글'의 형식으로 더욱 깊이 있게 다루어져야 하겠지만) 미묘하면서도 근본적이다. 옮긴이는 여기에서 이 두 입장 사이에서 무엇이 옳은지에 대해 판단하려는 것이 아니라(이 옮긴이 후기가 이를 위한 공간도 아닐 뿐더러 이는 옮긴이의 능력을 훌쩍 뛰어넘는 과업이다), 자신들이 자라온 지적 전통의 영향에서 절대로 벗어날 수 없는 이 세 명의 저자들이 공유하고 있는 어떠한 영향력을 독자들 스스로, 그리고 본서를 읽는 이가 아카데미 내의 연구자라면 더욱더, '맥락화'할 필요가 있다는 점을 강조하려는 것이다.


4.

(영국 정치경제학의 자장 내의 연구자들이든 프랑스 알튀세르주

의의 자장 내의 연구자들이든 혹은 그 밖의 '이단적' 자장 내의 연구자들이든, 먼저 살았다는 어원적 의미에서의 이 '선생들'의) 아무도 알아주지 않는 번역, 소개, 연구 작업을 통해 지금까지 발전해온 한국 마르크스주의가 현재 인류가 당면한 자본주의의 위기(옮긴이는 이 자본주의의 파국적 위기가, 미카엘 뢰비가 마르크스주의 생태학을 그토록 강조하듯, 현재 생태학적 파국의 모습으로 나타나고 있다고 생각한다)에 맞설 수 있는 '사유의 도구상자'(미셸 푸코)의 역할을 할 수 있다면, 이는 모두 이 '선생들'의 공이다. 그중에는 이름이 알려진 이도 있고 알려지지 않은 이도 있으며, 여전히 연구를 하고 있는 이도, 연구를 중단하고 다른 일을 하고 있는 이도 있다. 하지만 옮긴이가, 아니 정말 주관적으로 말해 '내'가 프랑스 마르크스주의를 한국 마르크스주의를 위해 소개할 정도의 능력을 갖추게 된 것은 전적으로 이 선생들의 '글'을 사숙했기 때문이다. 언젠가 윤소영 교수는 후배들, 아니 이후를 산다는 의미에서 '후생들'이 읽는 것은 결국 (말도 행동도 아니고) 글이라고 했다. 지금 당장에는 아무런 효과도 없겠지만, 그리고 언젠가는 절판되어 많은 이들에게 잊혀질 수도 있겠지만, 결국 글은, 책은, 도서관에 남는다. 그리고 글은, 책은, '후생들'에게 남아, 당면한 파국에 맞서 '무엇을 할 것인'지 말해줄 것이다. 사사키 아타루가 《잘라라, 기도하는 그 손을》(송태욱 옮김, 자음과모음, 2012)에서 지적하듯 책은 '접혀' 있기 때문이다. 아무 의미 없는 것처럼 보이는 우리의 작업들이, 언젠가는 계란이 바위를 깨는 기적을 만들어내는 데에 조금이라도 기여할 수 있다면 그것으로 충분하다. '내'가 대학 도서관의 서가에서, 오랫동안 아무도 빌려가지 않아 먼지가 층층켜켜이 쌓여 있던 마르크스주의에 대한 한국어로 된 서적들을 집어들고 이제는 잘 쓰이지 않는 '담지자'니 '사구체'니 '민주집중제'니 심지어 '상게서'니 하는 듣도 보도 못한 단어들과 씨름했듯, 아주 오랜 시간이 지난 뒤 누군가 또한 그러할 수 있다면 그것으로 충분하다.

루이 알튀세르 이후의 프랑스 마르크스주의는 비-마르크스적 사상과의 지적 대화 속에서 성장해왔다. 이 세 저자의 두 저서가 증거하는 프랑스 마르크스주의의 성장과 발전은 '교조적' 마르크스주의라는 시대착오적 기획이 쓸모없는 망상이라는 점을 방증해준다. 토마 피케티이든 장하준이든 심지어 신고전파 경제학이든, 이들과의 치열한 논쟁 없이는 그 어떠한 발전도 이룰 수 없다. 이 세 저자의 작업은 이를 너무나도 잘 보여주고 있다고 생각한다. 그래서 '균형잡힌'이라는 표현을 이 두 저서에 사용할 수 있을 거라고 나는 믿는다. '선생들' 자신들도 모른 채, 한국 마르크스주의 또한 이렇게 성장해온 것이라 믿는다. 프랑스 마르크스주의(조금 더 정확히 말해 포스트-마르크스주의)에 대한 옮긴이의 번역과 소개가 한국 마르크스주의의 (부르디외적인 엄밀한 의미에서)

성찰적 발전에 기여하기를 바란다.

5.
옮긴이의 작업을 항상 묵묵히 응원해주시는 박찬종 선생님과, 항상 비판적 논평들을 해주실 뿐만 아니라 이번에는 과분하게도 이 번역서의 추천사까지 써주신 백승욱 선생님께 진심으로 감사드린다.

2018년 8월 파리에서

저자 소개

**미카엘 뢰비 Michael Löwy**
브라질 출신으로 상파울루 대학교를 나와 프랑스 소르본 대학교에서 박
사 학위를 받았다. 프랑스 국립과학연구센터(CNRS) 연구원으로 일하면
서 사회과학고등연구원(EHESS)에서 강의하였으며, 현재 프랑스 국립과
학연구센터 명예 주임연구원이다. 사회학자이자 철학자이면서도 여러 좌
파 정치 운동과 무토지 농민 운동 등과도 밀접한 관련을 맺는 등, 활발한
활동을 펼치고 있다. 환경 문제에 관심을 가지고 마르크스주의 생태학을
집중적으로 연구하고 있으며, 2007년 제1차 국제생태사회주의회의를 조
직하기도 했다. 뢰비는 수많은 연구 저서를 펴냈으며 국내에 소개된 저서
로는 《발터 벤야민: 화재경보》, 《신들의 전쟁》이 있다.


**에마뉘엘 르노 Emmanuel Renault**
현재 파리 10대학 철학과 교수로 프랑스의 대표적인 마르크스주의 철학
자이다. 20대에 이미 《마르크스의 비판 관념》이라는 저서를 출간해 많은
마르크스주의 연구자들의 인정을 받았다. 현재에는 프랑스의 대표적인
마르크스 번역가이자 연구자인 프랑크 피슈바흐와 함께 소외론의 관점에
서 청년 마르크스와 프랑크푸르트 학파 등에 대한 연구에 집중하고 있다.
국내에 소개된 저서로 《마르크스의 용어들》(울력)이 있다.


**제라르 뒤메닐 Gérard Duménil**
파리 10대학 경제학과 명예교수이자 프랑스 국립과학연구센터(CNRS)
전 주임연구원으로 프랑스의 대표적인 마르크스주의 경제학자이다. 도미
니크 레비와 공저한 《자본의 반격》, 《현대 마르크스주의 경제학》, 《신자
유주의 위기》, 《거대한 분기》, 프랑스의 마르크스주의 철학자 자크 비
데와 공저한 《대안 마르크스주의》가 국내에 번역 소개되어 있다.